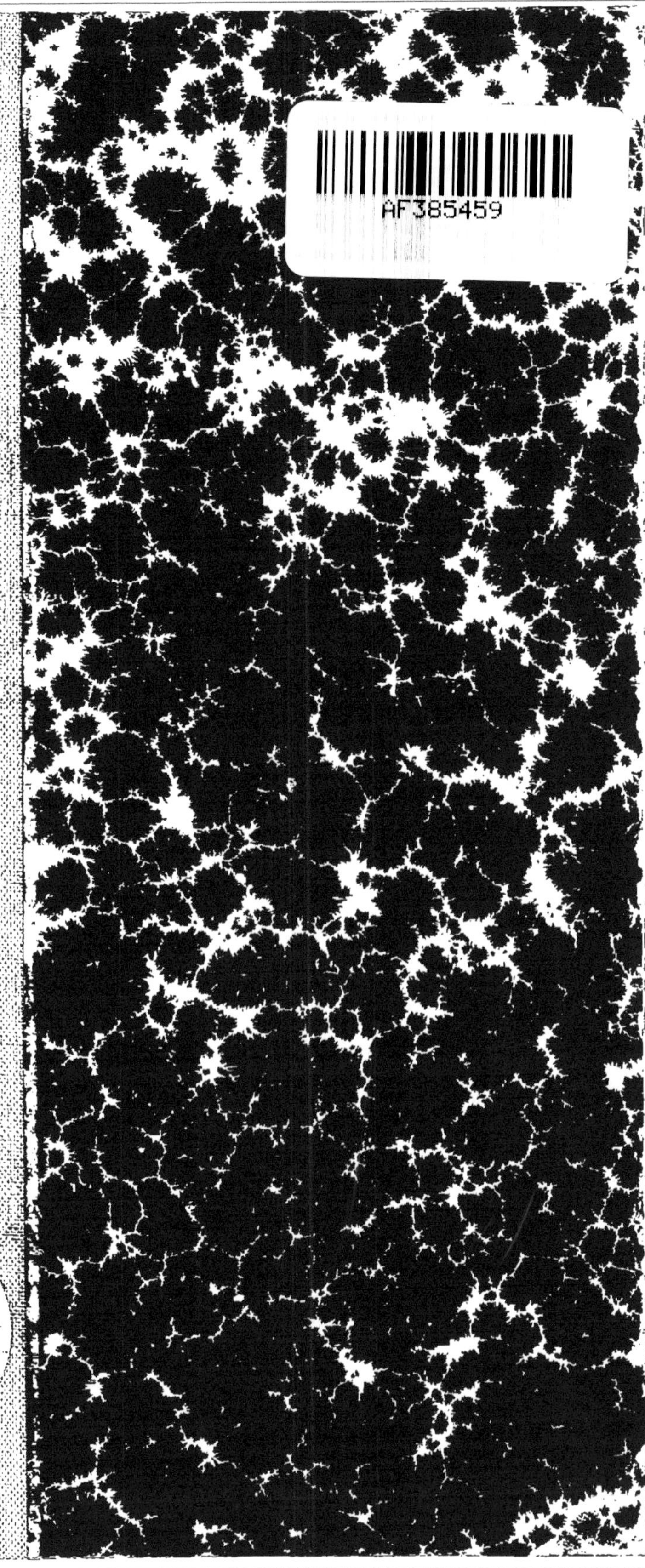

AF385459

8. L 27
n
37532

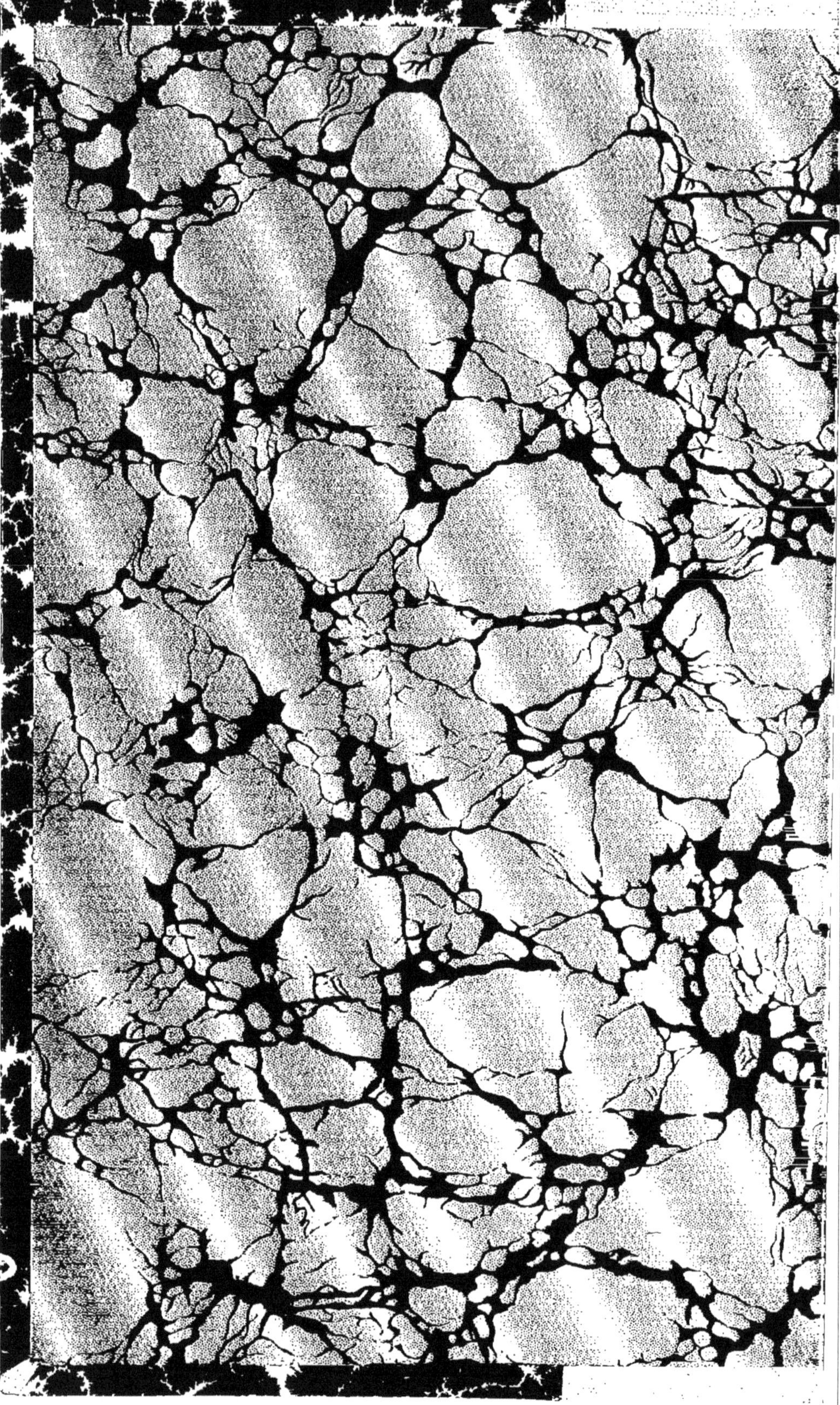

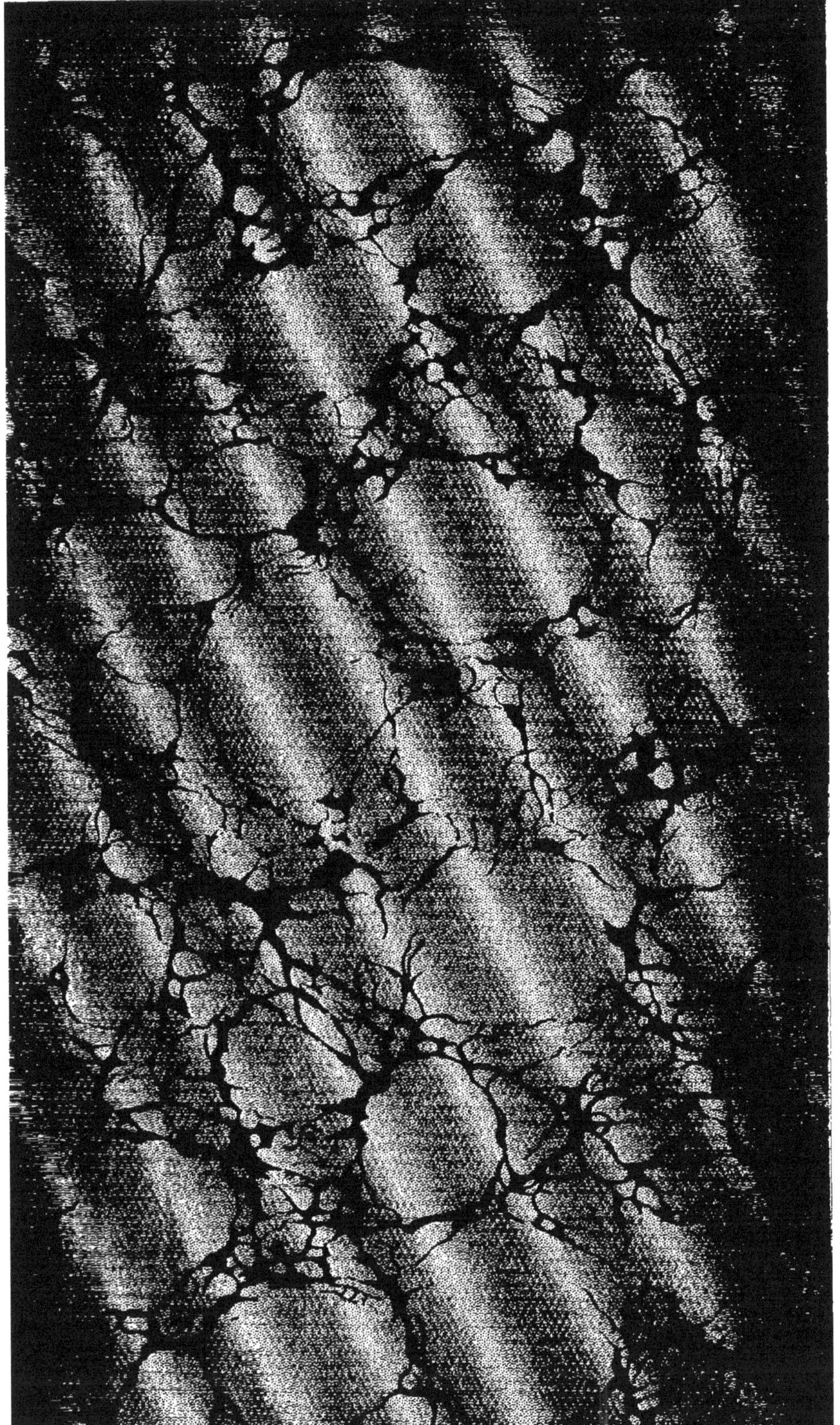

R. DACENNE
RELIEUR
PARIS

B.

GASTON DE BOURGE

1834 - 1884

GASTON DE BOURGE

1834 - 1884

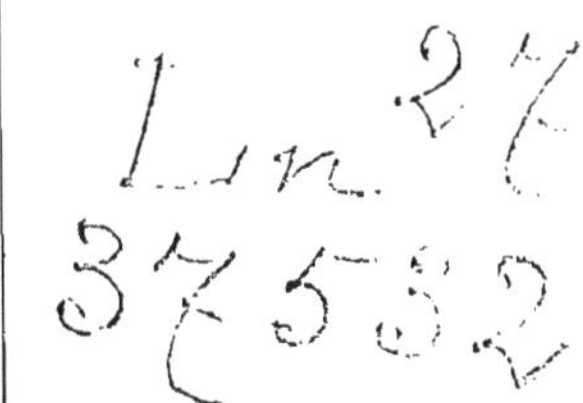

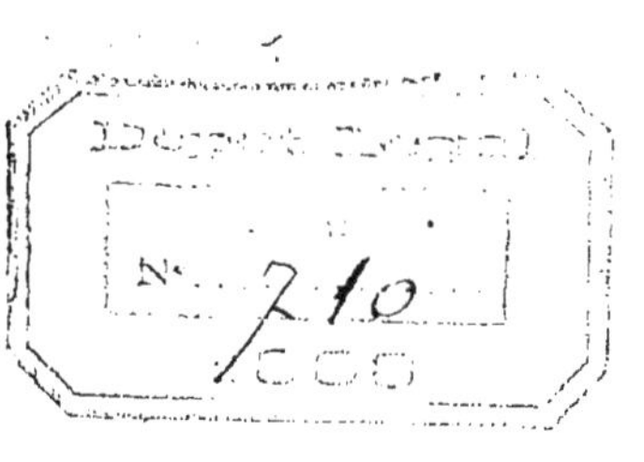
Dépôt légal

N° 710

TABLE DES MATIÈRES

BIBLIOTHÈQUE NATIONALE

AVANT-PROPOS

L'existence laborieuse et paisible de l'homme excellent et distingué dont le nom figure en tête de ces lignes a été retracée par des plumes compétentes et sympathiques. Réunir ces témoignages émus, en y ajoutant quelques traits oubliés, s'il y a lieu ; y joindre quelques-uns des meilleurs travaux de Gaston de Bourge, épars soit dans des revues, soit dans des journaux, tel est le but que, pour satisfaire au pieux désir d'une mère, on s'est proposé de remplir dans les pages qui vont suivre.

Le lecteur devant trouver plus loin, dans les discours de MM. Barboux et Bonnet, le récit détaillé de la vie trop courte, hélas ! mais si bien remplie de Gaston de Bourge, on nous permettra de n'en donner ici qu'un simple aperçu.

Né le 7 août 1834, Marie-Auguste-Gaston de Bourge est décédé à Paris le 29 septembre 1884, à l'âge de cinquante ans. Ce fut un enfant unique et qui annonça tout jeune les plus heureuses dispositions. Il eut le malheur de perdre son père à l'âge de douze ans; mais il avait pu déjà s'imprégner des vertus de cet homme d'élite. Son père, en mourant, le confia à l'abbé Dupanloup, son ami; l'éducation que reçut le jeune Gaston, sous la direction ferme et éclairée de ce prêtre si pieux et si ardent, laissa dans son âme une trace ineffaçable, dont ses biographes ont recueilli de touchantes preuves. Elève, il donna l'exemple d'une application soutenue et d'un attachement filial pour son maître.

Ses succès témoignèrent de son intelligence et firent bien augurer de son avenir. Avocat et docteur en droit, il se livra avec zèle à l'exercice de sa profession; secrétaire de M. Dufaure, il mérita que celui-ci écrivît à son sujet une lettre d'éloges, comme il en a peu laissé. Gaston de Bourge ne le quitta que pour devenir chef du contentieux de la Société Générale, où, malgré un labeur constant et peut-être excessif, qui compromit sa santé, il trouva cependant moyen d'écrire, soit des articles de droit pour le *Dictionnaire général de la poli-*

tique, soit des études d'histoire financière aussi pleines de science que de bon sens et parsemées de fines allusions au temps présent.

Son attachement pour Mgr Dupanloup lui a inspiré deux de ses meilleurs articles sur l'*Education*, dans lesquels on retrouve de touchants souvenirs personnels. Enfin, il n'est pas jusqu'aux discours que Gaston de Bourge prononça comme président de l'Association des anciens élèves du Petit-Séminaire, qui ne portent la marque de son profond respect pour la mémoire de l'illustre prélat; ils témoignent d'ailleurs de l'attachement qu'il portait à la maison où il avait fait ses études et à tous ses camarades anciens et nouveaux : à ce titre, nous ne devions pas les passer sous silence.

Aussi dévoué envers les siens que fidèle à leur mémoire, Gaston de Bourge consacra quelques pages à son oncle, J.-V. Le Roux de Lincy, littérateur et bibliophile, décédé en 1869.

Il devait lui-même, quelques années plus tard, en quittant les affaires, s'inspirant des goûts élevés de son oncle, et aidé des conseils d'un frère de sa mère, bibliophile émérite, consacrer une part de ses loisirs et de sa fortune à la formation d'une

collection de livres et d'estampes, dont il s'occupait encore dans ses derniers jours, et qu'il aurait
rendue fort précieuse si la mort lui en avait laissé
le temps [1].

Ce sont ces travaux d'ordres divers, mais tous
remarquables par la netteté des idées, et la solidité
du fond que nous avons recueillis pour les parents
et les amis de Gaston de Bourge. Ils y trouveront
la preuve de son activité laborieuse, en même
temps que la marque de l'élévation de son esprit
et de la générosité de son cœur.

Que ne pouvons-nous y joindre aussi le souvenir de cette gaieté vraiment française, de cet en-
train de bonne compagnie, qui l'animait alors que
la maladie ne l'avait point encore atteint, et qui
rendait sa société si agréable et son sourire si aimable et si bon !

Puissent les témoignages sincères que l'amitié
et la confraternité ont rendus à Gaston de Bourge

1. Le souvenir de cette collection subsiste dans les deux brochures
dont le titre suit : *Catalogue d'Estampes anciennes, principalement
de l'École française du* xviii° *siècle,* etc., provenant de la Collection
de feu M. G. de B., dont la vente aura lieu les 6 et 7 mai 1885.
Paris, 1885. — *Catalogue de Bons livres, anciens et modernes,*
provenant de la Bibliothèque de feu M. G. de B. Paris, Durel,
libraire. 1886.

adoucir la douleur d'une mère et d'une femme in-
consolées !

Puissent ces souvenirs, que nous avons réuni
avec une respectueuse émotion, faire revivre parmi
ses amis et tous ceux qui l'ont connu la mémoire
et les vertus d'un homme aussi affectueux envers
les siens, aussi obligeant pour ses amis, qu'il était
bon et charitable à l'égard de tous ceux qui souf-
fraient et dont aucun n'a jamais fait appel en vain
à sa générosité !

Juillet 1886.

NOTES BIOGRAPHIQUES

SUR

GASTON DE BOURGE

I

ASSEMBLÉE ANNUELLE

DES ANCIENS ÉLÈVES DU PETIT-SÉMINAIRE DE PARIS

Séance du 16 janvier 1885

EXTRAITS

DU

RAPPORT DE M. FÉLIX BONNET

Vice-secrétaire.

Gaston de Bourge a été, vous vous en souvenez, Messieurs, président de notre association, et, à ce titre, je lui dois dans ce rapport, un souvenir plus particulier. Votre comité le choisissait pour le mettre à votre tête au lendemain de la mort de Mgr Dupanloup, comme le plus capable de faire revivre sa mémoire au milieu de nous, et, on peut le dire sans rien exagérer, comme son enfant de prédilection. Son enfant de prédilection! il l'était devenu le jour où son excellent père, le confiant à M. l'abbé Dupanloup, lui avait inspiré une piété toute filiale pour le maître incomparable entre les mains duquel il le plaçait. La Providence voulait, hélas! que le second père prit trop tôt auprès du pauvre enfant la place du premier, car, à peine âgé de douze ans, Gaston de Bourge se voyait ravi par une mort prématurée celui qui lui avait donné avec la vie les premiers germes de la foi. Sa pieuse mère dont il devenait l'unique consolation eut cependant le courage, dont elle fut bien récompensée plus tard, de s'arracher aux tendres caresses de son cher Gaston et de le laisser pour quelques années encore sous le regard et près du cœur de l'abbé Dupanloup. Elle savait que ce grand cœur battait à l'unisson du sien; il avait aimé fraternellement le père, il aimait paternellement l'enfant. Il devait faire revivre l'un dans l'autre et faire du second, à l'image du premier, un homme distingué et un solide chrétien.

« Il y a un moment, a dit Mgr Dupanloup dans son beau livre *De l'Éducation*, qui m'a toujours paru d'une solennité extrême dans le cours des fonctions que j'ai remplies pendant vingt-trois années comme instituteur de la jeunesse, soit dans les catéchismes de l'Assomption, soit surtout au Petit-Séminaire de Paris. C'est le moment où un père ou une mère confiaient à mes soins leur fils, et après l'avoir remis entre mes mains, après l'avoir embrassé une dernière fois, se retiraient et me laissaient avec cet enfant. J'éprouvais toujours une émotion indéfinissable à la vue de cette jeune créature, qui, sentant s'éloigner ceux à qui elle devait la vie, tournait vers moi avec inquiétude des yeux souvent baignés de pleurs et semblait attendre de mon regard, de ma parole, le bonheur ou le malheur de cette vie nouvelle et la décision de sa destinée. Quel que fût cet enfant, toujours alors une tendresse profonde saisissait mon cœur. »

En reproduisant, dans un intéressant récit, ces paroles touchantes, Gaston de Bourge redisait sa propre histoire. L'illustre évêque, qui, au dernier jour de sa vie, devait être consolé par le sourire ingénu d'un enfant, était le même qui, trente ans auparavant, versait la paix et la consolation dans une jeune âme déjà meurtrie par la douleur, et séchait de sa main paternelle les pleurs d'un orphelin de douze ans. Aussi quel nouveau et profond chagrin pour Gaston de Bourge quand l'abbé Dupanloup quitta le Petit-Séminaire !

. . . .

Quelque douloureuse que fût cette séparation, elle ne rompit pas les liens étroits qui attachaient à Gaston de Bourge son maître bien-aimé. Devenu évêque d'Orléans, Mgr Dupanloup continua à être dans toutes les circonstances solennelles de la vie le conseil et l'appui de celui qu'il appelait toujours son enfant; il le fut jusqu'à la fin.

. . . .

Peu de temps après l'abbé Dupanloup, Gaston de Bourge quittait lui-même le Petit-Séminaire. Il compléta son instruction littéraire à l'École des Carmes par la préparation à la licence ès lettres; puis il fit de fortes études de droit et conquit le grade de docteur. Il suivit avec assiduité la Conférence des avocats stagiaires et ne tarda pas à s'y faire remarquer par une parole nette et précise comme son esprit, honnête et loyale comme sa conscience. Pour se mettre du reste à bonne école, il entra comme secrétaire dans le cabinet de Me Dufaure, alors à l'apogée de sa carrière d'avocat. L'illustre bâtonnier faisait un tel cas de son jeune collaborateur, qu'il lui écrivit, au moment où ils se séparèrent, une lettre comme bien peu de nos contemporains en possèdent, une lettre remplie d'éloges, et signée Dufaure. Pour qui a connu Mᵉ Dufaure, pour qui sait combien il pratiquait strictement vis-à-vis d'autrui le précepte du sage :

Aimez qu'on vous conseille et non pas qu'on vous loue,

on ne peut douter qu'il ait dû obéir à une bien forte conviction pour sortir ainsi, une fois en passant, de son caractère [1].

Gaston de Bourge devait recueillir un témoignage semblable d'une bouche plus éloquente

[1]. Voici cette lettre de M. Dufaure :

« Paris, 9 juin 1864.

« Mon cher Monsieur,

« On me dit que vous cherchez en ce moment un chef de contentieux pour votre Société Générale et que l'on vous a parlé de l'un de mes confrères, M. Gaston de Bourge. Comme M. de Bourge est depuis huit ou neuf ans mon collaborateur, je crois pouvoir vous dire l'opinion que j'ai de lui. Vous trouveriez difficilement quelqu'un dont les aptitudes fussent mieux appropriées au travail d'un chef de contentieux. Il a vu dans mon cabinet beaucoup d'affaires et de natures très variées. Il est exact, attentif, laborieux, d'une loyauté et d'une discrétion à toute épreuve. Il est instruit, intelligent. Je crois fermement que la Société n'aurait qu'à se féliciter de ce choix.

« Je vous prie, mon cher Monsieur, d'agréer l'assurance de mes sentiments les plus distingués.

« J. DUFAURE. »

encore. En réponse à un article qu'il avait fait paraître sur Berryer dans le *Correspondant*, celui-ci lui adressa des remerciements dans les termes les flatteurs.

Avec de tels et si précieux encouragements, notre ami semblait avoir au Palais la voie ouverte devant lui, et déjà il y avait conquis une place fort honorable ; mais son extrême modestie qui resta toujours le trait dominant de sa nature délicate et qui lui donnait d'ailleurs un charme particulier, se dressa devant lui comme un obstacle infranchissable au seuil de la vie judiciaire. Combien de jeunes avocats, sans avoir son talent, sautent à pieds joints sur cet obstacle ! Gaston de Bourge n'avait pas besoin, pour parvenir au succès, de suivre un tel exemple ; néanmoins il se décida à quitter le Palais pour devenir chef du contentieux d'une de nos plus grandes administrations financières, la Société Générale. Ce poste exigeait de celui qui l'occupait une science profonde du droit, une grande connaissance des affaires, une remarquable sûreté de jugement, une ardeur infatigable au travail.

Gaston de Bourge possédait à un haut degré

toutes ces rares qualités ; il donna sans compter à
ses nouvelles fonctions son temps et ses forces
il les donna même au delà de toute mesure ; car,
sous le poids d'un si lourd fardeau, il abrégea certainement ses jours. Il consacrait les quelques loisirs que lui laissaient ses occupations à de bonnes
œuvres, à de nombreux travaux littéraires [1] et aux
douces joies de la vie de famille.

Je ne puis parler ici comme je le voudrais de
ses bonnes œuvres, la plupart étaient connues de
Dieu seul qui les a inscrites au livre de vie ; je
citerai seulement à titre d'exemple les œuvres des
Conférences de Saint-Vincent de Paul, de l'Avocat
des Pauvres, et, en dernier lieu, de l'Asile-Ouvroir
de Gérando.

Je ne saurais non plus énumérer ici tous les travaux juridiques et littéraires qu'il donna tant au
Bulletin de la Société de législation comparée
qu'au *Journal des Villes et Campagnes,* et surtout
au *Correspondant.* Ils témoignent, les uns d'une
connaissance profonde des législations étrangères,
les autres d'un goût fin et délicat, d'une instruc-

---

1. Voyez dans la seconde partie de cette notice un choix des travaux de G. de Bourge.

tion étendue et variée, tous d'une grande élévation d'idées. Pendant les dernières années de sa vie, il avait écrit une étude fort intéressante sur son grand-oncle M. de Vergennes, ministre des affaires étrangères sous le règne de Louis XVI, titre qui couronnait alors, — il y a de cela un siècle, — une brillante carrière diplomatique [1].

En terminant, Messieurs, permettez-moi de détacher de cette belle vie un trait qui suffirait à la peindre. Depuis la mort de Gaston de Bourge, M. l'abbé Lagrange, l'auteur éminent de la *Vie de Mgr Dupanloup*, a trouvé dans les papiers de l'évêque d'Orléans des lettres qui lui avaient été adressées par son cher Gaston. L'une d'elles est datée de 1860; elle est écrite au lendemain de Castelfidardo. Une pensée est venue à l'esprit de Gaston de Bourge : courir à la défense du saint Père et s'engager dans le régiment des zouaves

---

1. Un long article, relatif aux premières années de la carrière diplomatique du comte de Vergennes jusqu'à son ambassade à Constantinople, était tout prêt à paraître, quand la mort de G. de Bourge en a fait différer l'impression. Mais ce travail ne sera pas perdu. Nous apprenons que le premier article, ainsi que les notes, ont été remises à un neveu de M. de Bourge, qui aura certainement à cœur de terminer cette importante étude et de rendre à la mémoire de son oncle l'hommage qui lui est dû.

pontificaux. Il a vingt-six ans ; il lui faudra tout quitter, sa jeune femme, sa mère bien-aimée, son pays, sa carrière ; mais qu'importe ! si le devoir est là, il crie plus haut que tout. Il confie cette pensée sans détour et sans phrases à l'évêque d'Orléans, en lui demandant, avec ses conseils, le secret le plus absolu, car il n'en a dit mot à personne ; et en effet, sa femme ne l'a appris qu'il y a peu de temps par cette révélation posthume. Sa lettre se termine par ces simples paroles : « Ce sont, en effet, de ces choses qu'on doit faire sans en parler, et dont on ne doit jamais parler sans les faire. » Mots sublimes dans leur simplicité, et qui semblent traduire dans notre langue la parole du livre des Macchabées : *Moriamur in simplicitate nostra.* Et de fait, si pour obéir sans doute aux sages conseils de Mgr Dupanloup, Gaston de Bourge n'a pas alors versé son sang pour la défense du Saint-Siège, il a, vingt-quatre ans plus tard, fait avec la même simplicité le sacrifice de sa vie ; il était alors âgé de cinquante ans à peine.

Ce témoignage n'est pas le seul qui ait été rendu à G. de Bourge : voici en quels termes émus s'exprimait un autre de ses condisciples du Petit-Séminaire en annonçant, au premier moment, la perte que ses amis et lui venaient de faire :

« L'Association des anciens élèves du Petit-Séminaire de Paris vient d'être douloureusement frappée en la personne d'un de ses anciens présidents. M. Gaston de Bourge, que sa santé avait obligé, il y a quelques années, à se démettre de ses fonctions de secrétaire du conseil d'administration de la Société Générale, est décédé à Paris le 29 septembre dernier, laissant aux siens et à ses amis l'exemple d'une vie édifiante. La mort ne l'a pas surpris, car depuis plusieurs mois, il l'attendait avec la soumission des plus parfaits chrétiens, mais elle affligera cruellement ceux de ses condisciples d'autrefois, qui, disséminés aujourd'hui, soit par leurs positions, soit par l'époque des vacances, regretteront vivement de n'avoir pu se joindre tous au convoi funèbre de leur ancien président ! »

(Extrait de la *Semaine religieuse de Paris*. Octobre 1884.)

SOCIÉTÉ DE LÉGISLATION COMPARÉE

Séance du 10 décembre 1884.

EXTRAIT

DE

L'ALLOCUTION DE M. LE PRÉSIDENT BARBOUX

MESSIEURS,

M. Gaston de Bourge a mené la vie la plus modeste et la plus calme, et pourtant il a laissé dans l'esprit et dans le cœur de tous ceux qui l'ont connu un ineffaçable souvenir. Il le doit à la force pénétrante de qualités auxquelles personne ne peut demeurer insensible.

Après de brillantes études, il fit son droit, et bientôt entra dans le cabinet de M. Dufaure; il y resta neuf ans; et comme il se sentait peu de goût pour la barre, il accepta de devenir le secrétaire du conseil d'administration d'une grande société commerciale. Il y fit admirer la rectitude de son jugement, la droiture de sa conscience, et cette fermeté modérée qui, ne poussant rien à l'extrême, excelle à prévenir ou à résoudre les difficultés. Au bout de seize ans, fatigué et malade, il résigna ses fonctions et vécut dans la retraite jusqu'à une mort cruelle, qui vint lentement le délivrer des plus abominables souffrances ! Mais à côté de cette simplicité de l'existence extérieure, se place une vie intérieure active, ardente même, et attestée par d'intéressantes publications.

Il avait reçu, dans son enfance, l'empreinte d'un homme vis-à-vis duquel l'indifférence n'était pas possible, Mgr Dupanloup. De Bourge avait pour lui une affection profonde ; il lui soumettait ses irrésolutions, ses doutes, ses projets ; car il était de ces hommes qui ne savent pas aimer à demi, et ne peuvent se contenter d'une foi inactive. Les articles qu'il a publiés dans différentes revues ou dictionnaires scientifiques montrent bien le courant ordinaire de ses idées. Le *Correspondant* a donné de lui une étude sur Berryer, dont Berryer le remercia comme il savait le faire. Le grand orateur n'y est pas seulement jugé avec justesse ; il y est, ce qui a dû lui plaire davantage, admirablement senti. Toutes les hyperboles ne valaient pas, à ses yeux, cet écho d'une âme indépendante et sincère. A vingt ans d'intervalle, cette étude est encore du plus vif intérêt pour ceux que touchent les gloires de l'éloquence française. Entré parmi nous, M. de Bourge s'attacha à la section italienne ; nos bulletins portent tous le témoignage de son incessant labeur. Puisse le souvenir que nous lui gardons adoucir les douleurs qu'il a laissées derrière lui !

ÉTUDES

LITTÉRAIRES, JURIDIQUES ET FINANCIÈRES

DE

GASTON DE BOURGE

ÉTUDES

LITTÉRAIRES, JURIDIQUES ET FINANCIÈRES

I

M. BERRYER — SA VIE JUDICIAIRE

(Extrait du *Correspondant*, janvier 1882.)

Au mois d'octobre dernier, la corporation des avocats de Middletemple offrait au prince de Galles un splendide banquet pour fêter l'admission du jeune prince dans les rangs du barreau anglais. Deux mois après, le barreau de Paris se réunissait à son tour pour célébrer le cinquantième anniversaire de la prestation de serment du plus illustre de ses membres, « de cet orateur immense, aux lèvres duquel un demi-siècle entier est demeuré suspendu, et qui, plus fort que les années, illustre sa vigoureuse vieillesse par des travaux et des triomphes que sa maturité peut lui envier[1] ».

Il existe entre ces deux solennités un lien plus étroit que le simple rapprochement des dates, car on peut dire que, de chaque côté du détroit, une même pensée les a inspirées et présidées toutes deux. Pourquoi, en

1. M. Jules Favre. Discours prononcé à l'ouverture de la Conférence des avocats, le 16 novembre 1861.

Angleterre, l'héritier du trône a-t-il voulu revêtir un instant l'humble robe du légiste? N'est-ce pas pour rendre hommage à la loi, et à la parole libre qui l'éclaire, la complète et la défend? Pourquoi, ici, les avocats de France sont-ils venus se presser avec enthousiasme auprès de M. Berryer? N'est-ce pas pour saluer en lui la personnification la plus éclatante de cette parole libre, l'homme qui, depuis cinquante années, consacre à la loi et à la liberté ses travaux, ses efforts, tout le prestige de son caractère et de son talent? Ainsi l'hommage rendu par le jeune prince à la profession d'avocat, l'hommage rendu par le barreau au vieil et glorieux athlète des combats judiciaires, ont la même signification. De telles fêtes ne sont donc point de vaines solennités, elles doivent réjouir tous ceux qui portent dans leur âme le respect de la loi, l'amour de l'éloquence, de la justice et de la liberté.

Cinquante années de luttes, de triomphes, et de quels triomphes! ont porté assez loin et assez haut le nom de M. Berryer, pour que nul n'ait pu s'étonner de l'éclatante ovation qui vient de lui être décernée. Est-il en France un seul barreau qui n'ait retenti de cette grande parole ou du moins de ses échos? Est-il une seule ville où il ne compte des clients, des obligés, des admirateurs? A tous ces titres, le *Correspondant* ne pouvait manquer d'applaudir à l'hommage qui vient d'être rendu à l'illustre orateur, et l'un des moyens les plus simples de s'y associer était de rappeler les causes de cet hommage éparses dans toutes les mémoires, de rechercher notamment comment il se fait que tous les partis, ceux qu'il a défendus, ceux qu'il a combattus, ceux qu'il combat encore, se confondent vis-à-vis de lui dans un sentiment unanime de sympathique admiration; un pareil accord est rare, surtout après une carrière toute militante, et il est bon d'en étudier les causes, *Quoties magna aliqua ac nobilis virtus vicit ac supergressa est vitium parvis magnisque civitatibus commune, ignorantiam recti et invidiam*[1].

Il y a trois parties distinctes dans la vie de M. Berryer : la première, toute judiciaire, s'étend de sa prestation de serment (1811) à son entrée à la Chambre (1829). Dans la seconde (de 1829 à 1851), la politique tient la plus grande place, sans pourtant exclure le barreau. Enfin, depuis 1851, la tribune étant brisée, il retourne tout entier à ses anciens travaux, et son éloquence se renferme dans les limites des débats judiciaires, limites un peu étroites pour elle, mais qu'elle sait agrandir.

Mon dessein est de laisser de côté la partie politique de la vie de M. Berryer et de retracer rapidement l'ensemble de sa vie judiciaire. Deux motifs m'y déterminent : le premier, c'est qu'à l'occasion de ce glorieux anniversaire, il convient surtout de peindre le vétéran du barreau, le modèle et l'honneur de notre ordre; le second, c'est que sa vie politique appartient à l'histoire

1. Tacite. *Vie d'Agricola.*

de ce temps et qu'il faut la laisser écrire ou juger à ceux qui en ont été les témoins et qui peuvent en être les juges compétents.

Ce serait méconnaître à la fois les droits de la vérité et les sentiments les plus intimes de M. Berryer, que de ne pas reporter sur son père une partie de sa gloire. Lui-même en a pieusement donné l'exemple : « Ah ! s'est-il écrié en répondant au toast qui lui était porté par M. Jules Favre, qu'en ce moment si solennel pour moi je rends grâces aux aspirations de ma jeunesse ! qu'avec bonheur je me rappelle l'ardeur dont m'animait alors l'espoir de pouvoir un jour suivre les pas de mon père ! Vous me permettrez d'associer sa mémoire à l'insigne honneur que j'obtiens aujourd'hui, vous me permettrez de l'associer aux remerciements que je vous adresse du fond de mon cœur... Il fut pendant de longues années le doyen de notre ordre... Pendant plus de soixante ans, sa voix a retenti avec honneur au palais ; il ne cessa point de se vouer aux laborieuses fonctions de l'avocat ; c'est à lui, c'est à ses leçons, à ses conseils, c'est à l'exemple qu'il m'a donné que je dois tout ce que vous approuvez dans ma vie. »

M. Berryer avait en effet reçu de son père la plus précieuse des hérédités, d'heureuses facultés, une éducation très solide et d'honorables exemples. On en pourra juger par quelques citations empruntées aux intéressants *Souvenirs* que M. Berryer père a laissés sur sa vie d'avocat, et les phases diverses que l'ordre a traversées depuis l'ancien régime jusqu'à la Restauration. Le premier qui m'ait paru intéressant à recueillir est celui-ci. Berryer père raconte que, plaidant sa première cause devant la grand'chambre à l'audience de sept heures, et entendant sa voix retentir sous les sombres voûtes au milieu d'un religieux silence, il se troubla, craignit que sa faiblesse ne motivât seule la silencieuse indulgence de la cour, et perdit connaissance en cessant de parler.

« J'ai su depuis, dit-il, que je devais le recueillement de mes juges à un avantage naturel dont il y aurait sottise à se targuer, à la pureté sonore de l'organe le plus nécessaire à l'avocat plaidant, celui de la voix, qui a toujours réussi à me concilier une première bien-veillance de mes auditeurs. J'étais organisé pour recevoir et pour imprimer à mon tour les fortes sensations, sans rien avoir en ma personne de colossal ni d'une bien apparente énergie. Mon âme s'épanchait facilement dans mes discours : voilà ce qui les faisait écouter. »

La beauté de la voix, le don de l'émotion contagieuse, nous retrouvons là deux des qualités les plus précieuses de notre Berryer qui lui ont été transmises héréditairement.

Peut-être nous pardonnera-t-on de citer ici une anecdote naïve qui marque les premiers accents que le futur bâtonnier ait fait entendre dans une audience.

Après les horribles journées de septembre, M. Berryer père, ne se croyant pas en sûreté à Paris, résolut de s'en éloigner momentanément. Un procès considérable qu'il avait à plaider devant le tribunal de Blois lui fournit un prétexte plausible, et il partit pour Blois, emmenant avec lui sa femme et son fils aîné, qui avait avait alors trente-deux mois. Le procès se plaida, l'adversaire de M. Berryer fut extrêmement long en réplique, parce qu'il lisait servilement toutes les pièces de son dossier. « Sur ce que je lui avais fait observer qu'il pouvait se dispenser de lire certains passages, il m'avait répondu : « J'aime à lire, moi. » L'audience s'était prolongée outre mesure, mon bambin, qui y assistait avec sa mère, se mit à crier : « Maman, en « voilà assez, je m'ennuie, allons-nous-en. » Le président... saisit l'à-propos de l'enfant, et prononça immédiatement : « La cause est entendue, remettez vos « pièces, le tribunal les examinera et jugera. »

Plus tard heureusement, le jeune Berryer ne montra plus le même éloignement pour l'audience. Son père le vit avec joie se tourner vers cette carrière, où lui-même s'était fait une honorable place, et eut soin que les brillantes facultés dont son·fils était doué fussent fécondées par le travail et par tous les genres d'étude utiles à sa profession. Là encore, il convient de le laisser parler lui-même.

« J'avais eu à dévorer toutes les ronces du métier, sans beaucoup de méthode : j'ai voulu pour mon fils en ordonner le défrichement graduel. Ma première sollicitude a été, à sa sortie du collège, de lui faire revoir sous un professeur émérite, M. de Guerle, tous les auteurs qui avaient dû remplir son cours d'humanités, afin qu'il se pénétrât mieux des beautés de leurs œuvres.

« Cette revision terminée, je veillai à ce qu'il fît son droit avec plus d'approfondissement qu'on ne le faisait aux écoles. Je lui donnai pour répétiteur un habile jurisconsulte qui avait été membre de l'Assemblée constituante, ensuite juge du tribunal civil de Paris, avec lequel je concertai le plan des répétitions à mon domicile.

« Cette seconde filière parcourue, je voulus qu'il se résignât à une troisième, non moins nécessaire à l'avocat, l'étude de la procédure. Je le fis entrer chez Me Normand, avoué de première instance, praticien aussi probe qu'instruit, qui est décédé juge de paix à Paris. »

C'est après s'être nourri de ces fortes études que M. Berryer, âgé alors d'environ vingt-deux ans, se présentait à la barre le 26 décembre 1811, et y prêtait le serment d'avocat. Il l'a fidèlement, noblement tenu ; l'ordre entier vient, au bout de cinquante années, de lui rendre ce témoignage.

Le moment était peu favorable aux institutions libres en général, et à l'ordre des avocats en particulier. Des hommes qui se consacrent à la défense du droit, qui puisent dans leurs études quotidiennes, dans les traditions de leur ordre, dans toutes les sources auxquelles s'abreuvent leur esprit et leur cœur, l'amour de la justice et de la liberté, sont peu faits pour goûter le pouvoir absolu et pour être goûtés par un maître tout-puissant. Napoléon avait, en outre, un grief particulier contre les avocats de son temps. Le sénatus-consulte du 28 floréal an XII, en organisant le régime impérial, ordonnait qu'il fût présenté à l'acceptation du peuple. Une liste fut envoyée au barreau de Paris comme à toutes les corporations. Sur cette liste, la colonne des acceptations fut réduite à trois signatures, sur plus de deux cents membres dont le tableau de 1804 se composait. Aussi les avocats partageaient-ils avec les idéologues l'aversion du maître. « M. le procureur général Dupin nous en a transmis un monument curieux dans la copie d'une lettre autographe de l'empereur, où l'exagération des paroles est plus ridicule qu'odieuse : « Les avocats sont des factieux, des artisans de crimes « et de trahisons... Je veux qu'on puisse couper la « langue à un avocat qui s'en sert contre le gouverne- « ment. »

Le décret de 1810, qui portait atteinte à l'indépendance de la profession, est une preuve de cette aversion bien plus grave que cette boutade, si bien qualifiée par M. Berryer « d'emportement effronté ». Il fallut plier devant la force; mais cette force même ne put détruire, tout en les comprimant, cet esprit d'indépendance et ce courage civil, qui, de tout temps, ont honoré le barreau. Berryer père ne pouvait manquer de donner à son fils l'exemple de ces nobles vertus. Un jour, il ne craignit pas d'entrer en lutte contre la volonté énergiquement manifestée du souverain.

En 1812, le maire d'Anvers, homme opulent et honorable, chef d'une nombreuse famille, et trois autres fonctionnaires furent accusés de péculat devant la cour d'assises de Bruxelles. Instrument d'une rancune féminine, l'un des chefs de la police impériale avait, par ses calomnies, excité chez Napoléon une colère outrée contre le maire, et lui avait fait jurer la perte de ce vieillard, universellement respecté. M. Berryer père se rendit à Bruxelles pour défendre l'accusé. Mais le ministère public, pressentant les dispositions des jurés, compatriotes du maire, éleva un incident et fit renvoyer l'affaire à une autre session. Cette fois le jury est composé exclusivement de Français, « la plupart fonctionnaires publics, tous attachés au char de l'Empereur ». Mais le défenseur se retrouve à son poste; il fait justice de l'accusation, affermit la conscience des jurés par son éloquence, et un acquittement complet est proclamé au milieu de l'enthousiasme général. Quand Napoléon reçut cette nouvelle à Dresde, il ordonna par le télégraphe de remettre en jugement le maire, ses prétendus complices, et au besoin le jury lui-même. Pour avoir une idée du degré de servilité où les grands corps de l'État étaient descendus à cette époque, il faut voir le ministre de la justice, le conseil d'État, le Sénat conservateur, et la Cour de cassation elle-même, plier sans mot dire et se prêter à l'exécution de cet ordre monstrueux. Seul, au milieu de cette débâcle des consciences, M. d'Argenson, préfet d'Anvers, sut rester debout. Il refusa deux fois d'exécuter les ordres qui lui étaient transmis, et, la troisième fois, ne répondit que par sa démission. La chute de l'Empire arrêta la suite du procès et mit fin à ce scandale, mais il était trop tard pour le malheureux maire, qui, avant l'heure de la délivrance, avait succombé dans sa prison sous le poids des chagrins et des infirmités.

On peut espérer que tant d'années de liberté, écoulées depuis lors, ont laissé dans l'esprit public des traces assez profondes pour que le retour de pareilles énormités soit devenu impossible.

Mais on comprend sans peine que le père et le fils aient salué avec joie, comme presque tout le barreau, le moment où la France put se reposer sous la monarchie constitutionnelle, et reprendre sous un gouvernement fort et libre le grand travail, commencé à cette époque immense de 89. Mais cette ère réparatrice ne fut ouverte qu'après bien des épreuves douloureuses pour toute âme française, quel que fût celui qui les eût attirées sur le pays et qui en dût porter la responsabilité. Le royalisme des deux Berryer n'avait rien d'étroit, et, tout en se réjouissant du retour des princes auxquels ils étaient dévoués, ils prirent leur part des douleurs de la patrie ; tous deux, au moment de la réaction, s'efforcèrent de sauver quelques-unes des plus précieuses épaves de Waterloo; au père, échut l'insigne honneur de défendre le maréchal Ney ; au fils plus heureux, celui de sauver les généraux Cambronne et Debelle. Il fit acquitter le premier; le second fut condamné; mais, avec une généreuse persévérance, le défenseur alla plaider la cause devant une juridiction plus haute, et ses larmes, son éloquence naissante, son dévouement bien connu à la royauté, obtinrent de Louis XVIII la grâce du général Debelle. Quant au défenseur, il ne trouva pas grâce aux yeux du procureur général, qui le déféra au conseil de l'ordre pour les hardiesses qu'il s'était permises en plaidant pour Cambronne. Une réprimande bénigne fut la seule conséquence de cette poursuite, qui ne fit qu'augmenter la réputation du jeune avocat.

Pour grandir, cette réputation n'avait besoin d'aucun secours, et bientôt, d'elle-même, elle allait s'élever au plus haut degré. Déjà s'étaient révélées ces puissantes facultés que nous admirons encore, et, s'il leur manquait ce je ne sais quoi d'achevé que donnent l'expérience et l'autorité d'une longue vie, elles avaient cette fraîcheur et cet éclat qui n'appartiennent qu'à la jeunesse. Quelque temps après, on remarqua l'éloquente plaidoirie que M. Berryer fit entendre au nom de la veuve du capitaine Ledoux, dans la plainte en calomnie dirigée par elle et le général Canuel, contre le colonel Fabvier et le sieur de Sainneville (décembre

1818) ; se plaignant, dans sa réplique, qu'on eût signalé les défenseurs eux-mêmes comme des hommes exclusivement attachés à tel ou tel parti : « Il n'est qu'un parti au barreau, s'écria-t-il, c'est celui de la justice, et celui-là, Messieurs, nous nous glorifierons toujours de le soutenir devant vous. Toujours on nous trouvera sous la même bannière quand il s'agira de secourir l'opprimé, ou d'attaquer l'oppresseur. » C'est ainsi qu'il a toujours compris et pratiqué la noble mission du barreau ; aussi, dès l'année suivante (1819), avant trente ans, était-il appelé à faire partie du conseil de discipline. Depuis cette époque, les plus grands noms et les plus grandes causes vinrent s'abriter sous son patronage. Parmi les grandes causes, il faut citer les procès Seguin et Ouvrard, relatifs à la liquidation des comptes de l'armée d'Espagne, procès longs et compliqués s'il en fut, où se montrèrent cette science des affaires et cette prodigieuse sagacité, qui auraient fait de Berryer un avocat éminent, quand bien même les grandes parties de l'éloquence lui eussent fait défaut.

Parmi les grands noms, comment oublier Lamennais ? Il était l'ami et le client de Berryer, comme l'attestent des lettres aussi fréquentes qu'affectueuses publiées dans sa correspondance. A cette époque, la fougue du génie, l'orgueil, l'impatience de la contradiction, n'avaient pas encore perdu cette grande âme. Lamennais se montrait alors royaliste ardent et s'attachait à Rome avec passion. Mais, toujours excessif, il combattait avec emportement ce que, dans l'âpreté de son langage, il appelait cette « bêtise terrible du gallicanisme ».

Par une immixtion plus étrange que nouvelle du pouvoir civil dans le domaine religieux, une ordonnance royale venait de proclamer loi de l'État la fameuse déclaration de 1682, et rendait son enseignement obligatoire dans les séminaires. Lamennais écrivit alors à Berryer : « Il est assez probable que vous viendrez me voir en prison dans deux ou trois mois ; » et il combattit l'ordonnance dans son livre intitulé : *De la religion considérée dans ses rapports avec l'ordre politique et civil.* Suivant les prévisions de l'écrivain, un procès s'ensuivit. Devant le tribunal, la cause fut portée à une grande hauteur ; Berryer discuta « avec la plus belle éloquence » le problème immense des rapports de l'Église avec l'État ; ses efforts ne purent sauver le livre, qui demeura saisi ; mais le tribunal n'infligea à l'auteur qu'une amende dérisoire de 30 francs (20 avril 1826). « M. Berryer a parlé admirablement, » écrivait Lamennais à la comtesse de Senfft en lui rendant compte du procès.

Depuis le procès de Lamennais, le plus illustre client qu'ait défendu Berryer fut Chateaubriand, en 1832 ; mais, dans l'intervalle des deux causes, la vie de l'avocat avait été marquée par de graves événements. Il était arrivé, en 1829, à l'âge exigé par la loi pour entrer à la Chambre. Nommé presque immédiatement député de la Haute-Loire, il put enfin aborder la tribune, et, dès ses premiers discours, la Chambre salua en lui « une puissance », suivant l'expression de Royer-Collard. Mais cette puissance se manifestait trop tard pour éclairer et pour sauver la branche aînée. On sait comment elle tomba. Deux ans après, avait lieu la tentative héroïque et insensée de la duchesse de Berry. M. Berryer et M. de Chateaubriand, qui n'avait pris part au mouvement que pour essayer de l'empêcher, furent tous deux accusés d'en être les complices. Berryer, arraché au conseil de guerre par un arrêt de la cour de cassation, comparut devant la cour d'assises de Blois, dans cette même ville où, quarante années auparavant, son père l'avait conduit tout enfant, à la suite des massacres de septembre ; mais l'accusation ne put le regarder en face : son interrogatoire fut un triomphe, et, rendu à la liberté, il vint peu après défendre Chateaubriand devant la cour d'assises de la Seine. Là, nouveau triomphe dont l'éclat fut immense ! Un magistrat distingué, qui a longtemps appartenu au barreau, a retracé dans les lignes suivantes l'impression de cette grande journée. « Il défendit M. de Chateaubriand comme M. de Chateaubriand devait être défendu, sans provocation et sans bravade, rendant hommage en son nom à ces rois de l'exil qu'avait adorés sa jeunesse, et que sa vieillesse devait adorer. Tous ceux qui l'ont entendu se souviennent encore de ce qu'il y eut dans M. Berryer de sublime et de véritablement inspiré, lorsqu'à l'aspect de la Sainte-Chapelle, évoquant les grandeurs de la vieille monarchie française, il plaçait la royauté proscrite sous la protection du Dieu de saint Louis. Il y eut dans ce moment, à sa voix, une de ces impressions électriques et involontaires qu'il n'est donné qu'au génie de produire. »

A partir de cette époque, la tribune et les travaux parlementaires s'emparèrent de M. Berryer et ne lui permirent plus de s'adonner exclusivement à la profession d'avocat, mais jamais il ne voulut y renoncer ; au milieu même de la vie politique la plus active, et après les succès de tribune les plus enivrants, il reprenait sa robe toutes les fois qu'une cause en péril avait vivement sollicité son cœur, et chacun de ces retours était, au Palais, une véritable solennité. Tous s'empressaient pour jouir de cette éloquence devenue sans rivale. On reconnaissait en lui les qualités qu'on avait toujours admirées, mais agrandies, développées par les luttes d'une autre enceinte, par l'habitude de la grande parole et l'étude des plus hautes questions. Le grand avocat était devenu le grand orateur !

Tel il se montra notamment dans la fameuse affaire La Roncière, qui passionna si vivement l'opinion publique à raison du caractère et du rang des parties, des circonstances étranges qui avaient accompagné le crime, et des péripéties du drame judiciaire. M. Odilon Barrot plaida le premier pour la famille de Morell ; sa plaidoirie, notamment la discussion de l'expertise, est demeurée pour ainsi dire classique. M. Chaix-d'Est-Ange, alors à l'apogée de son talent, défendit l'accusé avec cette passion, cette verve, cette action inimitable, cette fécondité de ressources dont on se souvient encore ; mais, après lui, M. Berryer se leva, et sa foudroyante réplique écrasa La Roncière.

Une autre fois, ce fut l'accusation qui vint se briser contre son éloquence. Un nommé Dehors était accusé d'être le complice d'un incendiaire. Au moment où il allait paraître devant la cour d'Evreux, son défenseur tombe malade ; on vient à Paris trouver M. Berryer, qui lit en un jour toute la procédure, et, convaincu de l'innocence de cet homme, se charge de sa défense. Une première fois ses efforts sont inutiles, et Dehors est condamné à mort ; l'arrêt ayant été cassé par la cour suprême, Dehors est jugé de nouveau, condamné de nouveau ; une troisième chance de salut lui est ouverte par la cassation du second arrêt. Cette fois, Berryer, plus passionné que jamais pour sa cause, fait de tels efforts, déploie tant d'éloquence, que, malgré les charges qui deux fois l'avaient accablé, il sort vainqueur de cette lutte terrible, et arrache au jury un acquittement complet. On raconte qu'une fois libre, ce malheureux réalisa toute sa fortune, et vint avec son fils et sa fille en apporter le montant à son défenseur ; que, sur-le-champ, celui-ci fit deux parts de la somme offerte, et remit chacune d'elle à l'un des enfants.

Souvent aussi les causes politiques réclamèrent son appui pendant cette période. On cite entre autres le procès de MM. de Voyer d'Argenson et Audry de Puyraveau, et surtout le procès du prince Louis-Napoléon devant la Chambre des pairs (1840).

Cette cause était difficile ; l'attentat était flagrant ; et l'indulgence qu'on avait montrée pour une première tentative n'avait réussi qu'à encourager la seconde. Aussi la plaidoirie de Berryer, véritable tour de force, ressembla-t-elle plus à une attaque qu'à une défense. Il soutint cette thèse hardie que le gouvernement d'alors pouvait bien désarmer et renvoyer le prince, mais n'avait pas le droit de le faire juger.

Il frappait plus juste, quand, reprochant au pouvoir d'avoir ravivé les souvenirs napoléoniens et par là provoqué l'attentat, il s'écriait : « Vous ne voudrez pas, le même jour, attacher le même nom sur un tombeau de gloire et sur un échafaud. » Mais il faut passer sur cet épisode, et de cette plaidoirie retenir seulement cette pensée. « Il y a une logique inévitable et terrible dans les instincts des peuples. Quiconque a violé une seule loi morale doit attendre le jour où on les brisera toutes sur lui-même. »

Quelques années plus tard, la branche cadette allait rejoindre la branche aînée dans l'exil, et la République leur succédait à toutes deux. Pendant cette période, M. Berryer fut au premier rang parmi les hommes d'ordre de tous les partis qui réunirent leurs efforts pour sauver la société menacée, et conserva au sein des Assemblées républicaines le rang qu'il avait pris dans les Chambres de la monarchie. Il s'adonna spécialement aux questions de finance et d'administration jusqu'au jour où le coup d'État rendit la tribune pour longtemps muette, et l'envoya lui-même, en voiture cellulaire, grossir la liste déjà longue des hôtes illustres que le château de Vincennes a vus dans ses murailles.

Il sortit de cette courte mais violente épreuve, attristé, mais non découragé ; le barreau l'attendait, et là encore on pouvait librement élever la voix en faveur du droit. Bientôt, en effet, s'offrit à lui une occasion solennelle de signaler son retour, et les vieux murs du Palais frémirent à ses accents comme aux grands jours du passé. Sous la République, un député, M. Jules Favre, avait proposé de mettre la main, au nom de l'État, sur les biens de la famille d'Orléans ; mais un éloquent rapport de Berryer lui-même avait fait justice de cette proposition, qui n'avait même pas été soutenue par son auteur. Le gouvernement de décembre releva cette idée et la mit à exécution. On sait qu'une certaine émotion s'ensuivit, que quatre ministres donnèrent leur démission pour ne point partager la responsabilité de cette mesure, et que M. Dupin, exécuteur testamentaire du roi Louis-Philippe, restitué depuis à la cour de cassation, écrivit sur-le-champ au chef de l'État. « ...En ce moment, et au point de vue du droit civil et du droit privé, de l'équité naturelle et de toutes les notions chrétiennes du juste et de l'injuste que je nourris dans mon âme depuis plus de cinquante ans, comme jurisconsulte et comme magistrat, j'éprouve le besoin de me démettre de mes fonctions de procureur général. » Nos lois n'autorisent point la confiscation, et nos mœurs y répugnent ; c'était donc par une sorte de revendication que les décrets du 22 janvier avaient annexé à l'État les biens de la famille d'Orléans. Dès lors, comme les questions de propriété sont du ressort des tribunaux civils, les princes héritiers du roi Louis-Philippe se crurent autorisés à demander au tribunal de la Seine d'être juge de leurs droits. Cette prétention, appuyée par un mémoire signé de MM. de Vatimesnil et Berryer, Odilon Barrot, Dufaure et Paillet, rencontra tout d'abord un déclinatoire, et le débat s'engagea sur le point de savoir si le tribunal était ou non compétent. Elle comptera longtemps dans nos fastes judiciaires, cette mémorable journée du 23 avril 1852. L'honneur en doit être partagé entre Paillet, que le barreau pleure encore comme l'avocat le plus accompli qu'il ait jamais possédé, et l'orateur illustre dont nous nous occupons. Le premier établit la thèse de droit, nettement et fermement, il sut tout dire avec cette ironie qui, pour être contenue, n'en a que plus de force. Le second, dans une réplique véhémente, se livra tout entier aux mouvements de son cœur, et entraîna toutes les âmes par cette invocation fameuse du *Forum et jus*, « que Tibère lui-même ne refusait pas ». Le tribunal, présidé par M. de Belleyme, les accorda autant qu'il était en lui. Mais un arrêté de conflit termina le procès, qui ne fut en définitive qu'une protestation.

A la vérité, ni M. Berryer, ni ceux qui ont porté avec lui, depuis dix ans, le fardeau des procès politiques, n'ont remporté souvent de pareilles victoires. MM. de Coetlogon, de Planhol et autres ont été condamnés dans le procès dit des *correspondances* ; M. de Montalembert et M. Douniol ont été condamnés. M. Prévost-Paradol a été condamné. MM. Beau et Dumineray expient encore à Sainte-Pélagie la publication de la *Lettre sur l'Histoire de France*. Ne parlons pas de M. Pelletan et du *Courrier du Dimanche*, puisqu'ils ont interjeté appel du jugement qui les condamne. J'énumère ici ces différentes condamnations, non pour en faire la critique à aucun égard, mais pour faire, à leur occasion, un rapprochement qui a son utilité. On sait que l'opinion gouverne le monde et que les procès politiques ont été souvent un moyen d'agir sur l'opinion. Il n'en est plus ainsi aujourd'hui, et il n'est pas sans intérêt d'en indiquer les causes.

Il ne viendra, certes, à l'esprit de personne de comparer nos débats de sixième chambre à ces grands procès d'Athènes ou de Rome, qui avaient la place publique pour théâtre, le ciel pour rideau, un peuple entier pour juge, ni même à ce procès des évêques anglicans que Macaulay a si bien décrit, et dont le retentissement ébranla le trône de Jacques II ; mais, sans aller si loin chercher des parallèles impossibles, ne pourra-t-on pas, quelque jour, se reporter à des souvenirs plus rapprochés, par exemple aux procès de presse du temps de la Restauration ? On y verra quelquefois des acquittements retentissants, d'autres fois des défaites « triomphantes à l'envi des victoires » ; on lira les ardents plaidoyers de cette époque, et l'on se demandera, devant la pâleur de nos annales judiciaires, si le barreau d'aujourd'hui n'a pas manqué à sa mission, et s'il a suffisamment protégé la presse dans la discussion libre et loyale des intérêts du pays. Il importe donc de mettre d'avance le barreau à l'abri de tels soupcons, en constatant, sans critique et sans murmure, les conditions dans lesquelles il exerce actuellement son ministère.

Aujourd'hui, d'abord, le jury est remplacé pour les délits de presse par la magistrature. Or, ce n'est pas manquer au respect que nous devons à celle-ci et que nous éprouvons pour elle, que de dire que l'avocat se sent moins inspiré devant les magistrats que devant les jurés. Les premiers, en effet, rattachés au gouverment par des liens nombreux, semblent jusqu'à un certain point le représenter ; les seconds, au contraire, représentent la nation ; ceux-ci siègent plus nombreux, apportent à l'audience une indépendance plus complète, une âme plus ouverte aux émotions. Une belle plaidoirie les intéresse toujours, tandis que souvent le magistrat exercé devine l'avocat avant de l'entendre, et ne l'écoute qu'avec « patience »: le mot a été dit pour M. Berryer !

Puis, n'est-il pas interdit aux paroles du défenseur, si modérées qu'elles aient pu être, de franchir les murs de l'audience ? Dans le discours qu'il a prononcé à la rentrée de la conférence des avocats, M. Beslay a très bien dit : « Si encore parfois un procès de presse vient rappeler au public qu'il existe des juges, il ne saurait lui rappeler qu'il existe toujours des avocats ; ceux-ci ne sont entendus qu'à huis clos ; ils doivent s'émouvoir à huis clos, s'indigner à huis clos ; la presse ne peut répéter leurs paroles dites à huis clos ; et si, par hasard, la postérité, qui ne peut pas tout savoir, ne voyait que dans nos feuilles publiques le récit des procès de presse sous le régime actuel, la postérité pourrait croire que, de notre temps, les accusés politiques n'étaient pas défendus... » Elle se tromperait ; car, en dépit de toutes ces entraves, l'éloquence vraie sait toujours éclater : j'en appelle au souvenir de quiconque a pu entendre MM. Berryer et Dufaure, plaidant les causes du *Correspondant* ou de l'évêque d'Orléans.

On peut suivre plus à l'aise le talent de M. Berryer dans quelques-unes des causes privées qu'il a plaidées pendant ces derniers temps. Parmi les plus considérables, se trouve, à coup sûr, le procès auquel donna lieu la succession des frères Michel, ces banquiers fameux dont la physionomie, la vie et la fortune ont pris dans les récits du peuple une couleur légendaire. On remarqua surtout, dans l'une des plaidoiries que Berryer prononça en cette occasion, le tableau des derniers moments de Michel aîné. Ce vieillard, isolé dans son opulence, livré à des soins mercenaires, cherchait sur son lit de mort à écrire ses dernières volontés. Ses valets, sous prétexte d'éclairer ses yeux affaiblis, ou de soutenir son corps tremblant, l'entouraient comme une meute; l'un d'eux, plus avide ou plus curieux, se penche sur le testament. « Arrière, tu n'auras rien! » s'écrie le vieillard; c'était au milieu de cette scène qu'un prêtre avait apporté le saint viatique au mourant. Il y avait entre ces convoitises sordides et la sublimité de la scène religieuse qui les avait fait taire un contraste dépeint avec une éloquence vraiment saisissante. On ne peut s'arrêter à toutes les causes que M. Berryer a plaidées; il faut cependant mentionner l'affaire de Jeufosse, devant la cour d'assises de l'Eure, procès qui rappelait par quelques points l'affaire La Roncière; les luttes intestines de la communauté de Picpus, où la jeune éloquence de M. Ollivier se mesura avec bonheur contre celle de Berryer; le procès auquel donna lieu le testament du marquis de Villette. Ici, l'évêque de Moulins perdit le bénéfice du legs universel qui lui avait été fait, mais c'était une cause qu'il importait surtout de gagner moralement, et la cour, en proclamant la bonne foi de l'évêque, en flétrissant avec énergie le premier de ses adversaires, montra bien que Berryer n'avait pas en vain donné carrière à sa généreuse indignation. Le procès Patterson excita vivement aussi les préoccupations du public. Un des incidents donna matière, pendant huit jours, à bien des conjectures ; l'habile avocat du prince Napoléon avait parlé d'un mariage que le duc de Berry aurait contracté en Angleterre pendant l'émigration, et que Louis XVIII aurait annulé plus tard pour défaut d'autorisation royale ; puis il avait ajouté : « Il m'est permis de dire que, dans le cas où les descendants de cette union apparaîtraient pour contredire la situation des descendants de la seconde, c'est mon adversaire qui serait là à la place où je suis, et il ne pourrait défendre des droits qui lui sont si chers qu'avec cette raison d'Etat et cette autorité politique, derrière laquelle j'abritais tout à l'heure les décrets de l'an XIII. » On se demandait quelle réponse ferait Berryer à cette provocation ; à l'audience suivante, on vit qu'elle avait été téméraire : il établit par des pièces, notamment par l'acte de naissance d'une des filles de miss Brown, qu'il n'y avait pas eu mariage, puis il s'écria avec un accent irrésistible ? « Mon adversaire n'a pas craint de vous dire que si les enfants issus de cette illustre origine venaient aujourd'hui réclamer leurs droits d'enfants légitimes, je serais à sa place pour repousser une pareille prétention. Eh bien ! je crois avoir le droit de répondre qu'il n'y a personne au monde, si haut placé qu'il soit, qui ait pu jamais attendre de moi de semblables condescendances ; jamais aucune action de ma vie n'a pu m'exposer à un reproche de cette nature, et permettez-moi de vous le dire, pour soulager mon cœur, et pour en finir avec le fameux rapprochement que l'on a tenté. Si le comte de Chambord lui-même avait jamais écrit une lettre telle, que celle que le prince Napoléon a écrite à son frère, il n'eût jamais osé appeler personne pour soutenir une pareille cause...»

M. de Salvandy disait à M. Berryer, en le recevant au nom de l'Académie française : « Comment oublier qu'il vous a été donné, par l'effet de nos malheurs, de retrouver à travers nos ruines une image du barreau antique, quelque chose de ces clientèles, qui comprenaient les royaumes et les rois ? Qui ne sait que vous avez eu le rare bonheur de voir votre assistance réclamée par tout ce qui a régné sur la France ?... » Nous en avons vu déjà des exemples. Depuis ceux que j'ai cités, M. Berryer a fait triompher devant la cour de Dijon les droits du comte de Chambord et de la duchesse de Parme, sur une grave question d'échange. Le duc d'Aumale, dans l'affaire de la succession de Soubise, n'a pas trouvé en lui un défenseur moins dévoué.

Il avait, cette fois, M. Dufaure pour adversaire. Ce fut une noble lutte que celle qui s'éleva entre M. Berryer soutenant, et M. Dufaure combattant les prétentions du duc d'Aumale, tous deux se réunissant dans un commun hommage envers la personne de ce prince, et témoignant une fois de plus que, comme l'avait dit Berryer en 1819 : l'avocat, à la barre, est d'un seul parti, celui de la justice.

Mais voici encore un royal, un glorieux exilé, qui fait appel à l'éloquence de Berryer. Au plus fort de la courageuse défense de Gaëte, et pour subvenir aux besoins du siège, le roi François II avait fait vendre à Toulon deux bâtiments de la marine napolitaine qui s'y trouvaient en réparation. Impatient, comme un parvenu, de faire sonner son titre nouveau, Victor-Emmanuel revendique ces frégates et en fait attaquer la vente comme faite en fraude de ses droits. Se faisait-on illusion sur le succès d'une pareille demande, cherchait-on une occasion solennelle de plaider la cause du nouveau roi d'Italie, ou voulait-on seulement insulter au glorieux vaincu de Gaëte, à l'allié trahi, au parent dépouillé ? Je l'ignore ; mais quel qu'ait été le but du procès, il fut manqué. Berryer vint combattre cette action, « repoussée à la fois par tous les cœurs honnêtes, condamnée par l'esprit d'équité, par tous les sentiments de la morale, par l'honneur enfin ». Le tribunal rejeta la demande, et si c'était à l'opinion publique qu'on avait prétendu s'adresser, on put voir par les explosions d'enthousiasme qui accueillirent la plaidoirie de Berryer, que là aussi sa cause était gagnée.

C'est là le plus récent triomphe du grand orateur, ce

ne sera pas le dernier. Il peut dire, en effet, comme le vieux Malherbe :

> Les puissantes faveurs dont Parnasse m'honore ;
> Non loin de mon berceau commencèrent leur cours ;
> Je les possédai jeune et les possède encore
>   Au déclin de mes jours.

Vainement il écrivait l'année dernière : « Pour moi, vaincu par l'âge, il s'en va temps que je me retire de ces nobles combats, et que, disant comme Entelle : « *Artem cestusque repono,* » je dépose mon chaperon sur des épaules valides aptes à soutenir le poids des labeurs et les fatigues de la lutte. » Ne l'a-t-on pas vu récemment porter pendant cinq heures le fardeau de l'audience, avec une aisance qu'envieraient les plus jeunes et les plus vigoureux ? Sa voix n'est-elle pas toujours pure et vibrante ? sa mémoire toujours fidèle ? son cœur toujours ouvert aux nobles émotions ? Le silence d'un tel homme serait une calamité publique. Le barreau espère conserver longtemps un aussi noble chef.

Essayerai-je maintenant de caractériser le talent oratoire de M. Berryer ? Jamais tâche plus difficile n'aurait été tentée par une main plus insuffisante. Il est aussi impossible de donner l'idée de son talent à ceux qui ne l'ont pas entendu que de l'oublier quand on a pu le juger. Je dis quand on a pu le juger, non pas quand on a pu l'entendre, car il arrivera souvent qu'on l'entende sans avoir occasion de le juger. Il est certaines qualités qu'on remarquera toujours dans ses plaidoiries : on reconnaîtra l'homme d'affaires con•sommé, le jurisconsulte plein d'expérience ; on admi-rera sa voix, son geste, son naturel et sa simplicité ; jamais un trait d'un goût équivoque ne se rencontrera sur ses lèvres, car il dédaigne à la fois les ornements et les sarcasmes. Mais ce n'est pas là ce qui constitue sa puissance exceptionnelle. Il faut, pour l'apprécier, l'entendre dans une de ces causes, dans un de ces moments où, cédant à l'émotion qui s'empare de son âme, il jette un de ces cris du cœur qui remuent toutes les fibres de ceux qui l'écoutent. Dans de pareils instants, Il est unique ; il semble que son âme entière ait passé sur ses lèvres. Le secret de cette puissance soudaine, électrique en quelque sorte, échappe à l'analyse, mais il tient à la personne de l'orateur plus qu'à ses paroles mêmes. Relisez le lendemain ces accents qui, la veille, vous ont fait battre le cœur, et peut-être resterez-vous froid devant une phrase décolorée.

Mais, si le talent de Berryer échappe à la description, il est plus facile de rendre hommage à son caractère. J'ai eu soin, comme je l'avais annoncé, de laisser de côté sa carrière politique, mais on peut du moins s'incliner devant l'unité d'une telle vie. Au seuil de la jeunesse, il s'était fait de fortes et nobles convictions ; il y est toujours demeuré fidèle. Les peuples, les rois, les hommes, les courants d'idées, tout a changé autour de lui, il est resté le même : *qualis ab incœpto*. A toutes

les époques de sa vie, il a su concilier au fond de son
cœur le respect du principe d'autorité, le dévouement
aux princes qui le représentent à ses yeux, avec un patriotisme généreux et un fervent amour de la liberté.

Il a été fidèle aussi à cette profession d'avocat qu'il
avait embrassée dans sa jeunesse ; il l'a préférée, sous
un pouvoir ami, à toutes les places et à tous les honneurs. Depuis, il l'a constamment suivie et honorée.
Naguère encore, dans quelques pages éloquentes, il en
a énergiquement défendu l'indépendance et la dignité.
Par un rare privilège, il n'a jamais rien dû, comme on
l'a dit, qu'au libre suffrage de ses pairs, depuis le
mandat de député jusqu'aux honneurs du bâtonnat,
depuis le titre d'académicien jusqu'à l'ovation du
26 décembre dernier. Des honneurs ainsi décernés ont
une saveur inestimable pour une âme magnanime.
Aussi l'émotion de Berryer à cette dernière solennité
a-t-elle été profonde. Il y avait là, en effet, un hommage solennel, unique, digne couronnement d'une
telle vie. Que n'a-t-il été donné à tous les transfuges
des causes vaincues d'assister à cette démonstration !
Leurs consciences éteintes se seraient ranimées peut-
être, et ils auraient compris ce qu'il y a de grand chez
un homme qui a constamment servi la justice et la
liberté.

G. DE BOURGE,
Avocat à la Cour impériale.

Cet article valut à G. de Bourge une lettre de Ber-

ryer, que nous sommes heureux de pouvoir repro-
duire.

« Monsieur et cher confrère,

« Vous avez pris le soin aimable de m'envoyer le
dernier numéro du *Correspondant*. Vous n'avez pas
voulu que je pusse être privé de la satisfaction de lire
cet article où vous parlez de moi avec une si flatteuse
bienveillance. Mais je vous avais déjà lu, je dois même
m'excuser de ne vous avoir pas remercié plus tôt.
Laissez-moi vous adresser des compliments en réponse
à vos éloges. Vous parlez si bien des devoirs de l'avocat
et de la dignité de notre profession, qu'assurément
vous suivrez la carrière en faisant le plus grand honneur à l'ordre par vos talents comme par l'élévation
de vos principes et de votre esprit de ferme et sage indépendance.

Agréez, je vous prie, les sentiments affectueux et
confiants avec lesquels je suis votre bien dévoué confrère.

« BERRYER.

« Mardi soir, 28 janvier [1862.] »

BÉNÉFICES ECCLÉSIASTIQUES

BIENS D'ÉGLISE

(Extrait du *Dictionnaire général de la Politique*, par M. Maurice
BLOCK. Nouvelle édition. 1874.)

Ces deux expressions s'emploient, l'une pour l'autre,
dans le langage usuel, mais non dans la langue exacte
du droit canonique, où l'une signifie la chose et l'autre
le droit. Il serait superflu d'expliquer ce qu'on entend
par biens d'Église, *bona Deo dicata;* quant au bénéfice,
on le définit : « le droit perpétuel de percevoir quelque
portion des biens consacrés à Dieu, accordé à un clerc
par l'autorité de l'Église, à raison de quelque office
spirituel. »

Les bénéfices furent inconnus aux premiers siècles
de l'Église. Les biens qu'elle possédait étaient admi-
nistrés en commun, et sur le fonds public on donnait
à chaque clerc ce qu'il lui fallait pour subsister. Mais
cet état primitif ne put se maintenir quand le christianisme commença à s'étendre, et surtout, lorsque, les
persécutions cessant, il fut possible aux fidèles d'enrichir la communauté chrétienne de leurs libéralités. Dès
lors, les églises des diverses provinces eurent chacune
leur patrimoine, dont l'évêque fut l'administrateur et
le répartiteur, sauf à lui à déléguer ces fonctions à des

diacres ou à des économes. La coutume la plus générale était de faire quatre parts, tant des revenus des héritages que des oblations journalières ou casuel. Ces dernières furent ensuite remplacées par les dîmes. On donnait la première à l'évêque pour l'entretien de sa maison et l'hospitalité dont il était chargé ; la seconde était pour la subsistance des clercs, la troisième pour l'Église, la quatrième pour les pauvres. Au sixième siècle, on commence à voir des évêques attribuer à de vieux prêtres, qui ont bien mérité de l'Église, la jouissance de quelques héritages (*prædiola*). Ces sortes de concessions, qui avaient un caractère en même temps rémunératoire et alimentaire, reçurent dès lors le nom de bénéfices par analogie avec les concessions faites par les empereurs romains aux vétérans, et par les chefs barbares aux guerriers qu'ils voulaient s'attacher. Mais ces biens, affectés, à titre précaire, à la personne de celui qui en jouissait, et non à un office spirituel, rentraient, après la mort de l'usufruitier, dans le patrimoine commun des fidèles. Plus tard, vint l'usage d'assigner aux charges ecclésiastiques des revenus distincts, qui y furent perpétuellement attachés et durent être transmis par le titulaire à son successeur. C'est au douzième siècle, d'après Fleury, qu'on voit le mot *bénéfice* pris définitivement dans ce sens, qui est celui qu'il a encore aujourd'hui. Il finit par s'appliquer uniquement aux biens de l'Église, et fut remplacé dans l'ordre civil par le mot *fief*.

On divise les bénéfices de plusieurs manières, suivant les points de vue auxquels on se place ; par exemple, en bénéfices séculiers, tels que les évêchés, les cures, et en bénéfices réguliers, comme les abbayes, en bénéfices majeurs et bénéfices mineurs, etc.

La question de la nomination aux bénéfices est une des plus graves que l'on rencontre dans l'étude des rapports de l'Église avec l'État. Les règles suivies à cet égard ont varié, et l'histoire de ces variations est aussi longue que confuse. Dans le principe, les dignités ecclésiastiques se donnaient à l'élection. C'est ainsi qu'était nommé l'évêque, d'abord avec le concours du peuple, plus tard par le clergé seul, enfin par le chapitre des cathédrales. Quant aux offices inférieurs, l'évêque les conférait. De même, dans les monastères, l'abbé était élu par les religieux. Le principe ne changea pas quand des revenus temporels furent attachés aux charges spirituelles. Mais, dès lors, la cupidité s'éveilla autour d'elles. Les princes commencèrent à s'arroger les nominations, et on vit plus d'une fois les évêchés et les riches abbayes distribués à des capitaines, à des courtisans, « voire à des femmes ». Ces abus, la simonie qui en était la conséquence et qui s'exerçait le plus souvent sous le voile des *résignations*, justifièrent plus d'une fois l'énergique intervention du saint-siège, auquel appartenait d'ailleurs le droit de confirmer les élections. L'Allemagne vit éclater à cette occasion la grande querelle des investitures.

En France, les événements suivirent une marche différente ; les rois de la première race, dès la fin du sixième siècle, et surtout les premiers Carlovingiens, paraissent avoir exercé le droit de nommer aux évêchés et aux abbayes, et, dans tous les cas, d'approuver les élections.

L'origine ou le prétexte de cet usage fut, sans doute, quelque vague idée d'une délégation des pouvoirs populaires. Sous les faibles successeurs de Charlemagne, l'Église, dont la puissance avait grandi, parvint à recouvrer peu à peu ses droits ; on revint aux élections, et, pour les bénéfices inférieurs, à la collation par les ordinaires. Mais. quand la prépondérance du saint-siège commença `s'étendre, cet état des choses fut un peu modifié, la cour de Rome s'attribuant souvent la collation des bénéfices, et faisant des efforts pour généraliser l'usage de cette prérogative ; mais le clergé français, surtout le clergé séculier, quoique fermement uni au pape, comme au chef visible de l'Église, n'accepta jamais volontiers ces extensions de puissance, et la plupart du temps l'épiscopat fit cause commune avec la royauté intéressée, de son côté, à limiter les prétentions du saint-siège. Il y eut des alternatives de résistance et de soumission. Tantôt on acceptait les *réserves*, on se soumettait aux *grâces expectatives*, aux *mandats apostoliques*, formes employées par le saint-siège pour nommer directement aux bénéfices ; tantôt le système des élections reprenait le dessus. Ce dernier régime n'était, lui-même, ni exempt d'inconvénients, ni à l'abri de toute critique. Ainsi, une assemblée générale de prélats l'ayant rétabli en 1398, ce fut bientôt un concert de clameurs contre les ordinaires qui, disait-on, conféraient tous les bénéfices à leurs créatures. L'université notamment, se plaignant de ce que les droits des gradués étaient lésés, se joignit aux partisans de Benoît XIII pour faire revenir sur cette mesure. Le concordat, passé entre Léon X et François Ier, en 1516, 1517 et 1518, mit fin à ces luttes, en transportant au roi la nomination aux évêchés et aux abbayes. L'institution canonique fut réservée au pape, ainsi que la nomination directe dans certains cas particuliers. Un article spécial régla les droits des gradués.

On sait (voy. *Concordat*) les résistances que rencontra, en France, la mise à exécution du concordat; même quand il fut en pleine vigueur, il s'éleva encore des difficultés de détail, notamment sur l'application de la *régale*, ou droit qu'avait le roi de jouir du revenu des bénéfices vacants. Mais, en somme, ce fut la loi qui régit les bénéfices en France, jusqu'à leur suppression.

On entend dire, et même on lit souvent (voy., par exemple, *Histoire du Consulat et de l'Empire*, t. III, p. 196), que les bénéfices ecclésiastiques ne supportaient « aucune des charges publiques ». C'est une affirmation trop absolue. Au moyen âge, d'abord, on voit que la plupart des impôts généraux, votés par les trois ordres, portent également sur le clergé, la noblesse et le peuple. Ce sont, en effet, ou des taxes indirectes, acquittées, par conséquent, par tous les consommateurs, ou des taxes directes, portant alors non sur la propriété, mais sur le revenu. Nobles, ecclésiastiques et bourgeois sont tenus, par exemple, d'abandonner au roi, pendant une année, le dixième de leurs revenus.

Les biens de l'Église étaient, il est vrai, exempts de la taille, et, plus tard, ce privilège acquit une importance considérable, quand la taille s'étendit et devint le principal et le plus onéreux des impôts. Ils jouissaient aussi d'autres exemptions, mais ces avantages étaient jusqu'à un certain point compensés par les contributions spéciales que ces biens supportaient. Ce ne furent d'abord que des secours extraordinaires que le clergé fournissait à l'État dans de grandes occasions, comme les 1,300,000 livres qu'il offrit, en 1527, pour la rançon du roi François Ier.

C'était ordinairement une ou plusieurs décimes, qui étaient ainsi votées par les assemblées du clergé. En 1557, les receveurs des décimes furent créés en titre d'office et, pour leurs gages, on augmenta les décimes d'un sol pour livre, ce qui prouve que cette taxe était devenue habituelle. Peu après, en effet, l'assemblée de Poissy (1561) accorda des sommes considérables à lever annuellement sur le clergé, pendant un certain nombre d'années ; l'assemblée de Melun de même, et les contrats furent toujours renouvelés depuis, de dix ans en dix ans. C'était ce qu'on appelait la décime ordinaire. Mais cette décime ayant été établie comme une levée réglée, et le roi n'en profitant plus, parce qu'elle avait été affectée au payement des rentes de l'hôtel de ville, il demanda au clergé de nouvelles subventions, qui d'abord ne furent accordées, comme les premières, qu'en des occasions spéciales, puis finirent par l'être également à toutes les assemblées du clergé, de cinq ans en cinq ans, ou environ.

Les bénéfices supportaient, en outre, comme tous les biens de mainmorte, les droits d'amortissement, destinés à tenir lieu à l'État des profits qu'il retire des mutations des biens qui sont dans le commerce. En principe, en effet, les biens d'Église étaient inaliénables. On ne pouvait déroger à cette règle qu'à des conditions toutes spéciales, de telle sorte que l'augmentation successive des biens du clergé n'étant pas compensée par des aliénations, on pouvait craindre qu'une quantité de terres trop considérable ne fût peu à peu retirée de la circulation. On avait pourvu à cet inconvénient par des édits qui interdisaient, soit la création de nouveaux établissements de mainmorte, soit l'acquisition, par ceux-ci, de biens-fonds et de rentes constituées. Les édits les plus récents et les plus importants, rendus sur cette matière, sont les édits de décembre 1666 et d'août 1749.

Au moment où éclata la révolution française, les biens du clergé consistaient en dîmes et en immeubles. Le clergé fit spontanément le sacrifice des dîmes dans

la mémorable nuit du 4 août 1789. Mais il lui restait
des biens-fonds en quantité considérable. Talleyrand
proposa que la nation les prît en se chargeant de subvenir aux besoins du clergé. Mirabeau eut bientôt con-
verti le discours de l'évêque d'Autun en une motion
qui, après une lutte de plusieurs séances, fut adoptée par
l'Assemblée constituante à une majorité de 568 voix
contre 346 (2 novembre 1789). Quelques jours après,
le principe posé fut mis à exécution par un décret qui
ordonnait la mise en vente de 400 millions de biens
ecclésiastiques. Telle fut, en France, la fin des bénéfices qui, ainsi qu'il résulte de leur définition, ne peuvent exister là où il n'y a pas de biens d'Église. Ils
avaient également disparu avec ceux-ci chez les nations
où la réforme avait prévalu, le désir de s'emparer des
richesses du clergé n'ayant pas peu contribué à déter-
miner beaucoup de princes et seigneurs à embrasser le
protestantisme. En Angleterre, cependant, les bénéfices
ont en partie survécu à la réforme et existent encore
aujourd'hui, mais au profit, bien entendu, des ministres de la religion de l'État. Les dîmes se sont également maintenues sur beaucoup de points. On sub-
vient encore aux besoins du culte « établi » au moyen
de *church-rates* ou taxes d'église payées par les habi-
tants de la paroisse. Ces taxes, qui portaient autrefois
même sur les dissidents, ont cessé enfin d'être obliga-
toires. L'extrême disproportion qui existe entre la situation du haut clergé anglican et celle du clergé infé-

rieur a été très souvent et très vivement critiquée; il y
y a peu d'années, un bill de réformation a fixé un
maximum aux émoluments que peuvent recueillir les
évêques. En Irlande, l'Église d'État a cessé d'exister,
mais ce principe, définitivement acquis, ne produira
toutes ses conséquences qu'après une assez longue période de transition.

Chez les peuples catholiques qui ont conservé des
bénéfices, ceux-ci sont régis par les règles du droit
canonique, ou par les conventions spéciales interve-
nues entre les gouvernements et le saint-siège. Mais il
semble qu'un mouvement général tende à substituer
partout aux bénéfices ecclésiastiques un salaire payé
par l'État aux ministres du culte.

Cette substitution, en dehors des nécessités financières qui l'amènent toujours, est-elle en elle-même
une bonne ou une mauvaise chose? Pour la première
opinion, on peut reprocher aux biens d'Église les
mêmes inconvénients qu'à tous les biens de mainmorte, et leur imputer spécialement d'entretenir dans
le clergé des préoccupations mondaines, de l'exposer à
l'envie des populations. On rappelle aussi les abus qui
naissaient sous l'ancien régime de l'inégale répartition
des bénéfices, c'est-à-dire, chez quelques membres de
l'Église, le luxe et les désordres qu'il entraîne, chez
d'autres, en grand nombre, une pauvreté touchant à
la misère et à l'humiliation.

Pour la seconde, on peut répondre que ces inconvénients sont loin d'être irrémédiables, et dire avec Tocqueville : « J'ose penser, contrairement à une opinion bien générale et solidement établie, que les peuples qui ôtent au clergé catholique toute participation quelconque à la propriété foncière, et transforment tous ses revenus en salaires, ne servent que les intérêts du saint-siège et ceux des princes temporels, et se privent eux-mêmes d'un très grand élément de liberté. » Mais, à dire vrai, c'est justement cette indépendance d'un corps quelconque au milieu de l'État que l'on redoute dans la situation actuelle de l'opinion, et cela quand bien même cette indépendance devrait, comme le pense Tocqueville, tourner au profit de la liberté de tous. Une troisième opinion voudrait que l'État supprimât le salaire des cultes après avoir pris les biens de l'Église, c'est-à-dire que le clergé fût réduit à l'aumône. Ce système inique est hautement condamné, au nom de la liberté de conscience, par M. Jules Simon, dans le livre qu'il a écrit sur ce sujet et auquel nous ne pouvons mieux faire que de renvoyer, l'auteur n'étant pas suspect de partialité en faveur de l'Église.

Bibliographie. Pasquier, *Recherches sur la France*, livre III. — Fleury, *Institution au droit ecclésiastique* — Cardinal Soglia, *Institutiones juris privati ecclesiastici.* — Montesquieu, *Esprit des lois*, livre XXXI. — Chéruel, *Dict. hist. des institutions.* — Tocqueville, *l'Ancien Régime et la Révolution*, ch. XI. — J. Simon, *la Liberté de conscience*, introd.

III

CONCORDAT

(Extrait du *Dictionnaire général de la Politique*. 1874.)

Concordat. — Traité conclu entre le saint-siège et le gouvernement d'une nation catholique pour régler chez cette dernière les rapports de l'Église catholique et de l'État. On ne donnait pas ce nom aux conventions qui pouvaient intervenir entre le gouvernement pontifical et toute autre puissance dans un but exclusivement politique. Tel fut, par exemple, le traité de Tolentino en 1797. Ces conventions rentraient dans la catégorie des actes diplomatiques ordinaires. Dans les concordats, le pape stipule comme souverain pontife, comme chef et représentant de la catholicité. Les accords *de rebus ecclesiasticis* intervenant entre le saint-siège et une puissance non catholique se nomment simplement *convention*.

Considérations générales. C'est un des problèmes les plus difficiles qui se puissent offrir aux spéculations des philosophes comme aux expériences des hommes d'État, que le règlement équitable des rapports de l'Église et de l'État, la conciliation des droits de la conscience et des nécessités du gouvernement. On peut concevoir à cet égard trois systèmes tranchés, absolus. Dans le premier, l'État est dominé par l'Église, c'est au pouvoir spirituel qu'appartient la souveraineté, et le pouvoir temporel n'est que son instrument. Dans le second, au contraire, c'est l'État qui gouverne l'Église, et le pouvoir temporel absorbe en lui le pouvoir spirituel. Dans le troisième, « l'Église est dans l'État, indépendante, inaperçue ; l'État n'a rien à démêler avec elle ; le pouvoir temporel ne doit prendre des croyances religieuses aucune connaissance ; il les laisse se rapprocher, se séparer, vivre et se gouverner comme il leur convient ; il n'a pour intervenir dans leurs affaires ni droit ni bon motif ». Telle est la formule qu'en donne M. Guizot (*De la Civilisation en France*, 3ᵉ leçon). Dans ce système, la seule religion que l'État connaisse est la religion naturelle ; et quant aux cultes positifs, professant à l'égard de tous une indifférence imperturbable, il les laisse se développer librement en dehors de toute action gouvernementale.

Nous ne pensons pas qu'aucun de ces trois systèmes soit praticable dans sa formule absolue, du moins en Europe. Quoi qu'on fasse, en effet, à moins de supprimer le culte, on rencontre dans les rapports de l'Église et de l'État trois ordres de matières dont il faut tenir compte : les matières purement temporelles qui appartiennent exclusivement au gouvernement temporel, les impôts, par exemple, l'armée, etc. ; les matières spirituelles pures qui sont du ressort exclusif de l'Église, le dogme, la prière ; des matières mixtes, enfin, où l'Église et l'État se rencontrent forcément, et sur lesquelles ils ont tous deux certains droits à exercer, par exemple la publicité du culte, le budget des cultes, le mariage.

Chacun des systèmes énumérés tout à l'heure pèche parce qu'il omet de tenir compte de l'une de ces trois matières. Le premier méconnaît les droits de l'autorité temporelle, le second les droits de l'Église, et le troisième oublie qu'il existe des matières mixtes. Il serait inutile de s'arrêter aux deux premiers : l'un, en vérité, a trop peu de chances d'être mis en pratique ; l'autre est incompatible avec l'Église catholique. Il règne, à la vérité, en Angleterre et en Russie. Les communions chrétiennes qui l'ont accepté peuvent dire ce qu'elles ont gagné à son application. Mais toute Église qui s'y résignerait entièrement cesserait d'être catholique.

Quant au troisième, il mérite une plus longue attention, parce que, sous cette formule séduisante, *l'Église libre dans l'État libre*, il a été fréquemment vanté depuis quelque temps, et parce qu'il emprunte un rare prestige au principe vrai qu'il exagère. L'Église et l'État n'ont qu'à gagner à être libres tous deux. L'Église catholique en particulier aurait tout avantage à ce que la plus grande somme possible de libertés se répandît sur le monde, parce qu'en profitant, comme toute autre Église, de cette faculté d'expansion illimitée, elle serait peut-être seule à supporter l'épreuve d'une dilatation considérable sans rien perdre de sa cohésion et de son unité. Mais la formule citée plus haut n'est pas l'expression vraie du troisième système. Ce n'est pas l'Église libre, c'est l'Église séparée qu'il faut dire. Or, si nous admettons pleinement la liberté, nous ne croyons pas qu'il soit possible de pratiquer la séparation absolue. L'idéal proposé plus haut ne serait susceptible d'être atteint que si la religion pouvait se restreindre dans le domaine purement spirituel, si le culte ne s'exerçait que dans le for intérieur, par des aspirations intimes et solitaires, si, en un mot, il n'existait pas de matières mixtes. Mais faite pour des hommes, c'est-à-dire des êtres composés d'un corps et d'une âme, la religion parle aux sens pour arriver au cœur. De là, des manifestations extérieures sensibles; de là, ce qu'on appelle, à proprement parler, le culte. Ce sont des hommes aussi que la religion a pour ministres, et ces hommes ne peuvent vivre seulement de prières. Il est, enfin, des actes, comme le mariage, sur lesquels la religion étend son empire, et dans lesquels l'État lui-même est trop intéressé pour abdiquer le droit de leur donner des lois. Ce sont toutes ces choses qui constituent les matières mixtes, et c'est parce qu'elles existent nécessairement et existeront toujours, qu'il paraît impossible d'assigner, à l'Église catholique et à l'État, des régions tellement distinctes, que ces deux puissances y puissent vivre parallèles, s'ignorant l'une l'autre, et ne se heurtant jamais. Plus un gouvernement sera libre, et moins, à la vérité, les points de contact, entre l'Église et l'État, seront multipliés. Mais si libre qu'il soit, il ne pourra, du moins en Europe, conserver sur tous les points l'indifférence que comporte la séparation absolue de l'Église catholique et de l'État.

Reprenons, en effet, les exemples donnés. Il est de l'essence des cultes de réunir les fidèles pour des manifestations extérieures. Or, quel gouvernement a été, est, ou répond d'être toujours indifférent aux réunions qui se forment dans son sein. Le culte a besoin d'un budget ; il faut donc que l'État y pourvoie, ou qu'il laisse aux fidèles la liberté de le faire. Ceux qui n'admettent ni l'un ni l'autre de ces partis, « n'oublient qu'une chose, dit M. Jules Simon, c'est que la liberté des cultes est une liberté tout comme une autre, et qu'à ce titre, elle doit être sacrée, même pour ceux qui ne croient à la légitimité d'aucun culte. Donner la liberté et refuser les instruments de la liberté, c'est tout uniment ajouter l'hypocrisie à la tyrannie. On doit considérer aussi qu'un culte mesquin, un clergé besoigneux, sont à la fois un scandale et un danger publics. C'est une fausse politique et une fausse logique que de souffrir une religion dans l'État, et de la condamner à la misère et à la honte ». Or, si l'État fournit le budget d'un culte, il ne peut pas ne pas connaître de l'emploi de ses fonds. Si les fidèles le fournissent, au contraire, il s'élève pour sa composition, sa perception, sa répartition, des questions sans nombre pleines d'intérêt pour l'État, où il est bien difficile qu'il n'intervienne pas. L'État et les religions ne se rencontreront pas moins sur le terrain du mariage, matière essentiellement mixte. Tel culte admet le divorce, tel autre prêche la polygamie ; l'État devra-t-il respecter leurs préceptes ? pourra-t-il les ignorer ? On dit quelquefois que les États-Unis ont réalisé le problème dont nous nous occupons. Est-ce absolument exact ? Les troupes fédérales n'ont-elles pas été récemment (1871) mises en mouvement pour faire cesser chez les Mormons la pratique de la polygamie érigée en dogme ; puis, de ce qu'un système fonctionne dans un pays neuf au milieu d'un ensemble d'institutions libres, en conclure qu'il soit de mise dans les vieux États d'Europe, dont les rouages sont si compliqués et qui n'admettent, pour la plupart, qu'une dose de liberté si modérée, « c'est, comme le dit M. Jules Simon, de la philosophie de table rase, ce n'est pas de la philosophie pratique, et surtout ce n'est pas de la législation ».

Il faut donc que l'Église et l'État comptent ensemble pour les matières mixtes. Ceci admis, comment les choses se passeront-elles ?

Quelquefois l'État, de lui-même, fait à l'Église une place, et lui laisse une liberté suffisante, comme il arrive aux États-Unis ; dans ce cas, bien entendu, un concordat n'est pas nécessaire : mais, on est mauvais juge en sa propre cause, les gouvernements comme les hommes ; les gouvernements, d'ailleurs, changent, se modifient, et avec eux les dispositions qu'ils ont prises. De là, des lois oppressives ou mal faites ; de là,

des incertitudes, des conflits, des luttes regrettables.
De cette situation est né, pour l'Église catholique, un
régime créé par la force des choses qui est à l'œuvre
depuis plusieurs siècles : c'est le régime des *concordats*.
La religion catholique, en effet, a un chef suprême,
dont toutes les églises reconnaissent l'autorité, et qui,
au besoin, a le droit de les représenter toutes. En vertu
de ce droit et de cette autorité, ce chef traite de gré à
gré, d'égal à égal, avec les gouvernements temporels.
Par des conventions positives, les chefs des deux puissances déterminent les bornes de leurs domaines res-
pectifs, fixent les règles qui devront être suivies sur les
points des matières mixtes les plus susceptibles d'occa-
sionner des contestations, apaisent ou préviennent les
différents nés ou à naître, se font de mutuelles concessions, s'efforcent enfin d'établir, sur les bases les plus
durables, l'état de choses le plus propre à assurer la
paix du spirituel et du temporel.

Ce régime n'est incompatible avec aucune somme de
libertés soit de l'Église soit de l'État, car on peut aussi
bien stipuler dans un concordat la séparation du sacer-
doce et de l'empire que leur union, et il a pour l'Église
un double avantage ; le premier, c'est de n'être pas
seulement praticable dans les États libres, qui sont fort
rares ; le second, c'est « de donner à la liberté des intérêts spirituels, dans chaque pays, la solidité d'un enga-
gement synallagmatique au lieu du fondement fragile
et restreint d'une simple concession royale ou popu-

laire ». (De Broglie, *la Souveraineté pontificale et la Liberté.*)

Quelquefois on l'accuse de porter atteinte à la liberté de conscience en détruisant la liberté et l'égalité des cultes. Cette accusation est mal fondée. Tel concordat peut renfermer des dispositions intolérantes, mais ces dispositions ne sont pas une condition inhérente aux concordats, leur objet essentiel étant seulement d'assurer à l'Église catholique une somme de libertés, plus ou moins grande, suivant le pays ou le gouvernement avec lequel elle traite, mais dans tous les cas, suffisante. C'est une revendication, au profit du catholicisme, de la liberté des cultes, comment serait-ce la négation de cette liberté ? Quant à l'égalité des cultes, on ne devrait pas oublier que la liberté étant le droit commun, le culte qui l'obtient ne fait que rentrer dans ses droits. Mais, dira-t-on, si le droit commun n'existe pas pour tous, celui qui en jouit a par là même un privilège. Assurément, mais ce n'est pas la suppression de ce privilège qu'il faut demander, c'est son extension ! Raisonner autrement, c'est comme si, chez un peuple qui admettrait le servage, on demandait au nom de l'égalité, non pas que les serfs devinssent libres, mais que les hommes libres devinssent esclaves.

Histoire. Dans les premiers temps du christianisme, on appelait concordats les conventions qui réglaient les différends des évêques ou abbés des communautés religieuses. Plus tard ce nom fut réservé aux pactes conclus avec le saint-siège. Les querelles des papes et des empereurs d'Allemagne amenèrent un certain nombre de transactions de cette nature. Il faut citer parmi elles le concordat de Worms, passé entre le pape Calixte II et l'empereur Henri V, qui régla la question des investitures (1123).

A la fin du treizième siècle, l'histoire de Portugal offre un exemple de concordat qu'il est intéressant de rapporter à cause de son caractère spécial. Là, en effet, les contractants sont d'un côté le roi de Portugal et de l'autre le clergé portugais. Le pape intervient, moins comme partie que comme arbitre et comme consécrateur des stipulations échangées. Un grave différend s'était élevé entre le roi don Affonso III et le clergé du royaume, et se prolongeait sous le règne de don Diniz, son fils. Le pape était intervenu, le royaume était en interdit, le roi excommunié. Don Diniz résolut de mettre fin à cette situation. En 1284, dans une cour générale ou assemblée d'états, il y eut des préliminaires d'accommodements, après lesquels les deux parties s'adressèrent au saint-siège. Le roi envoie à Rome deux députés « chargés de sa procuration pour consommer le traité par l'autorité du pape et le faire confirmer ». L'Eglise de Portugal, de son côté, se fait représenter par un archevêque et trois évêques. Les deux causes sont exposées devant une commission de trois cardinaux délégués par le pape Nicolas IV, pour l'examen de cette affaire. Puis les parties étant d'accord, les cardinaux commis en font dresser acte, et une bulle du pape confirme le concordat (1289).

Pour la France, quatre concordats ont été passés en 1516, 1801, 1813 et 1817. Le premier a duré jusqu'à la Révolution française, le second est encore en vigueur. Les deux autres n'ont pas vécu. Avant de parler du concordat de François Ier, il est nécessaire de faire connaître deux actes antérieurs, relatifs aux règles que la France suivait dans ses rapports avec Rome. Jusqu'à saint Louis, il n'avait existé à cet égard que des règles ou plutôt des traditions assez confuses et non encore réunies en corps de doctrine. Mais entre la croisade d'Égypte et la croisade de Tunis, un conflit assez grave s'étant élevé entre Louis IX et le pape Clément IV au sujet de bénéfices vacants en régale, le roi, sorti de cette difficulté et voulant en prévenir de nouvelles, aurait publié l'édit connu sous le nom de *pragmatique sanction*.

Le premier article maintient dans sa plénitude, pour les églises du royaume, le droit de collation et de juridiction des ordinaires ; le second maintient également les libres élections des églises cathédrales et autres ; le troisième proscrit le crime de simonie ; le quatrième se réfère, pour les collations de dignités et bénéfices ecclésiastiques, aux règles tirées du droit commun, des saints conciles et des saints pères ; le cinquième (qui manque dans quelques versions) défend toute exaction ou levée d'argent de la cour de Rome, à moins du con-

sentement du roi et d'une cause pieuse, urgente, etc. ;
l'article 6 approuve et confirme les libertés, immu-
nités, privilèges, accordés dans le royaume aux lieux
et aux personnes appartenant à l'Église. L'authenticité
de cette ordonnance, quelquefois contestée, est plus
généralement admise. Il est certain du moins que les
doctrines exprimées dans ce document ont été celles
que saint Louis prenait pour règle de conduite et qu'il
se faisait un devoir d'appliquer. (Boutaric, *la France
sous Philippe le Bel.*) Dans tous les cas, la pragmatique sanction serait tombée en oubli après le règne de
son auteur, car on ne la trouve mentionnée que dans
les documents postérieurs à Charles VII.

Ce prince édicta aussi une pragmatique qui tient
dans notre histoire une place beaucoup plus grande
que la première. On sait quel relâchement dans l'Église,
quel trouble et quel scandale dans la chrétienté étaient
nés du schisme qui marque d'une manière si déplorable la fin du quatorzième et le commencement du
quinzième siècle. Une double conséquence en résulta.
Cette réformation, depuis longtemps nécessaire, que
saint Bernard appelait déjà d'une voix éloquente, était
devenue plus urgente encore. *Satis constabat res in
deterius flexisse, et in tanto schismate magis magisque
in pessum ire.* (Bossuet.) Puis, la rivalité des ponti-
ficats avait rendu l'autorité du saint-siège à la fois plus
envahissante et moins respectée. Cédant, en effet, aux
diverses nécessités de la lutte, les deux sièges rivaux,

tantôt s'efforçaient d'obtenir des subsides des nations
de leur obédience, tantôt multipliaient les concessions
et les dispenses pour se faire des partisans. C'est pourquoi, tandis que l'Église en général aspirait à voir finir
le schisme et à travailler en paix à sa réformation,
chaque Église en particulier voulait régler pour l'avenir ses rapports avec la papauté. De là les divers concordats élaborés au concile de Constance pour les nations qui y avaient participé, et publiés par le pape
Martin V, après la clôture du concile (1418); celui qui
était destiné à la France fut refusé comme contraire
aux libertés gallicanes; mais quand le concile de Bâle,
voulant restreindre la puissance pontificale, entra en
lutte avec Eugène IV, et que le schisme fut sur le point
de se rouvrir, la France, disposée par ses traditions,
préparée par les assemblées de 1394 et de 1406 à ne
compter qu'avec elle-même, entreprit, au milieu du
conflit, de régler seule sa situation. Charles VII con-
voqua à Bourges une assemblée, « qui tenait à la fois,
dit M. Henri Martin, des états généraux et du concile
national ». On y voyait des princes et des seigneurs,
des archevêques et des évêques, des abbés, des doc-
teurs, des représentants des chapitres et universités.
Le concile de Bâle envoya des députés pour solliciter
cette assemblée d'adopter ses décrets. Eugène IV s'y fit
également représenter, mais l'assemblée rendit une
déclaration par laquelle elle s'appropriait, en les mo-
difiant sur certains points, la plupart des décrets du

concile ; des lettres patentes du roi (7 juillet 1438), enregistrées au parlement l'année suivante, donnèrent force de loi à ces résolutions.

Cette pragmatique sanction est un document trop étendu pour trouver place ici. Elle peut se résumer ainsi : proclamation de ce principe que le concile général est supérieur au pape, réglementation des élections, abolition des réserves et des grâces expectatives, restrictions mises à la juridiction du saint-siège, suppression des annates.

On voit que cette loi, si chère aux parlements, portait une atteinte grave aux prétentions du saint-siège. Elle le blessait au spirituel et au temporel, restreignait en même temps son autorité et ses revenus. On comprend dès lors qu'elle ait été l'objet d'incessantes réclamations de la part d'Eugène IV et de ses successeurs. Charles VII la maintint énergiquement, et tandis que l'empereur et les princes allemands, sortant de la neutralité qu'ils avaient observée durant la lutte entre les pères de Bâle et les pères de Florence, entre Félix V et Eugène IV, concluaient avec Nicolas V le concordat germanique (1447), l'Église gallicane continuait d'être régie par la pragmatique. Pie II, plus heureux en apparence, obtint de Louis XI son abolition solennelle. Mais le parlement refusa d'enregistrer ses nouvelles lettres patentes et Louis XI, dont les relations avec Rome s'étaient refroidies, s'occupa très peu d'obtenir cet enregistrement. Tant qu'il vécut, ce prince rusé paraît avoir tenu la pragmatique comme abrogée ou en vigueur, suivant qu'il trouvait avantage à l'un ou l'autre de ces partis. Le préambule du concordat de 1516 mentionne un autre concordat qui, sous le pontificat de Sixte IV, aurait été conclu avec les négociateurs français, mais qui ne paraît avoir eu aucune suite. La pragmatique observée sous Charles VIII fut confirmée à l'avènement de Louis XII par un acte solennel. Jules II, à travers sa lutte contre ce roi, poursuivit la condamnation de la pragmatique devant le concile de Latran, et tous ses fauteurs, quels qu'ils pussent être, rois ou autres, furent cités à comparaître devant le concile pour la défendre.

La mort de Jules II, puis celle de Louis XII, en éteignant les animosités personnelles, rendirent un accommodement plus facile. François Ier et Léon X se virent à Bologne et convinrent de remplacer la pragmatique sanction par un traité synallagmatique, dont le chancelier Duprat fut chargé de discuter les conditions avec deux cardinaux délégués par le pape. Quand la négociation fut terminée, Léon X fit présenter au concile et consacrer par son approbation les bulles qui portaient révocation de la pragmatique et publication du concordat nouveau.

Ici encore il faut se borner à une analyse de ce document. Le titre Ier n'est qu'un exposé des négociations et des motifs. Les titres II et III enlèvent aux chapitres des églises cathédrales et métropolitaines les élections des évêques, et portent que, dans les six mois de la vacance du siège, le roi devra nommer au pape un candidat réunissant certaines conditions et *alias idoneum* que le pape pourvoira de l'Église vacante. Si le roi n'a pas nommé une personne capable, il en nommera une autre trois mois après en avoir été averti, sinon le pape y pourvoira. La nomination aux évêchés vacants *in curia*, c'est-à-dire dont le titulaire est mort à Rome appartient au saint-siège. La nomination royale est également substituée à l'élection pour les monastères électifs, sans dérogation aux privilèges particuliers de quelques chapitres ou couvents. Les grâces expectatives et les réserves sont abrogées (titre IV), comme elles l'avaient été par la pragmatique. Le titre V règle les droits des gradués pour l'obtention des bénéfices. Il y a *devolutio ad sedem apostolicam*, si les ordinaires contreviennent à l'ordre établi. Les quatre titres suivants sont relatifs aux mandats apostoliques que chaque pape pourra délivrer, à l'effet de pourvoir d'un bénéfice sur dix, qui seront à la disposition du même collateur, et de deux sur cinquante et plus. Les titres X et XI, *de causis et appellationibus*, contiennent à peu près les mêmes dispositions que la pragmatique, et les titres suivants (XII à XVII) sont identiques. Le concordat porte la date du 18 août 1516. Les derniers titres, dont la date est postérieure, ne renferment que la confirmation par le concile et les lettres patentes du roi. On voit qu'il n'est rien dit du nombre des cardinaux que la pragmatique avait prétendu limiter, ni des annates qui se trouvaient rétablies par ce silence même, l'acte qui les avait supprimées étant lui-même aboli.

Tel est, dans toutes ses dispositions essentielles, ce concordat célèbre, en butte, à son apparition et depuis, aux critiques les plus vives et même les plus contradictoires. Les uns, en effet, l'ont considéré comme une éclatante victoire de la papauté, imputable à la légèreté ou à la faiblesse de François Ier et de Duprat. D'autres y voient au contraire un triomphe de la royauté, un pas hardi vers la domination universelle, qui était alors le but de ses aspirations ambitieuses, et ils accusent le pape d'avoir sacrifié le spirituel au temporel, les élections aux annates. Cette dernière accusation est peu sérieuse, car les annates, dont on fait tant de bruit, ne valaient certainement pas ce sacrifice. M. de Pradt, qui n'est pas suspect de bienveillance envers la papauté ou le concordat, estime qu'au dix-huitième siècle elles pouvaient produire annuellement 170,000 livres. Admettons qu'au seizième siècle ce produit fût plus élevé, il ne pouvait cependant avoir assez d'importance pour influencer le saint-siège. Le but que Rome poursuivait était bien plutôt l'abandon des principes du concile de Bâle, inscrits en tête de la pragmatique; quant aux élections, l'abandon qui en a été fait s'explique par les sérieuses difficultés qu'elles rencontraient dans l'application. Beaucoup d'abus s'étaient glissés dans la pratique, et ce ne fut peut-être pas cette innovation, la plus frappante à nos yeux, qui excita les plus vives réclamations des contemporains. Mais justice faite des attaques imméritées, et réserve faite aussi des questions de fait qui motivèrent ce changement, il faut reconnaître que la substitution de la nomination royale aux élections faisait la place bien grande à l'immixtion de l'État dans le gouvernement de l'Église, chose regrettable à tant de points de vue. Nous devons dire aussi que le concordat avait été préparé, discuté, signé sans aucune participation de l'Église de France, tandis que la pragmatique avait été faite avec son concours. Ce ne fut pourtant pas au sein du clergé que cette convention rencontra l'opposition la plus vive. La résistance vint surtout du parlement, qui refusa d'enregistrer les lettres patentes qui donnaient force de loi au concordat, ne céda que contraint et forcé, et même après cet enregistrement, continua de juger selon les règles de la pragmatique. Il fallut, pour sortir de ces difficultés, que la déclaration du 6 septembre 1529 attribuât au grand conseil la connaissance de tous les procès auxquels l'application du concordat pouvait donner naissance.

Du concordat de François Ier en 1516, au concordat de Bonaparte en 1801, il nous faut franchir un long espace de temps, près de trois siècles. La Révolution trouva le concordat de François Ier encore debout, elle le brisa comme tout ce qui se rattachait au catholi-

cisme, comme elle eût brisé le catholicisme lui-même,
si les ennemis de cette religion avaient eu le pouvoir
autant que la volonté de l'anéantir. Il est certain, en
effet, qu'une haine violente contre l'ancienne religion
nationale, haine qui souvent s'exalta jusqu'au délire,
caractérisa le mouvement révolutionnaire, et fut commune aux divers partis qui composèrent ce mouvement. Il ne sera pas inutile d'indiquer les causes de
cette haine. La religion catholique avait été la religion
de l'État sous une monarchie absolue, et dans un
temps où la tolérance religieuse n'était guère comprise
et encore moins pratiquée, pas plus dans l'Angleterre
protestante que dans la France catholique. L'Église
s'était donc trouvée, par la force des choses, associée à
un système d'intolérance, et compromise dans des actes
de despotisme contre lesquels la Révolution devait
réagir avec un despotisme et une violence incompa-
rables. Le clergé était un corps privilégié et les privilèges étaient devenus odieux à la nation. Le clergé enfin
possédait de grands biens, et ce fut la pénurie des
finances qui fut l'occasion de la Révolution. Voilà les
causes pour ainsi dire intrinsèques, mais il y en eut
d'autres. La philosophie du dix-huitième siècle avait
rendu l'Église solidaire de tous les torts de l'ancien
régime, et avait battu en brèche avec une ardeur égale
les autels et les abus ; or ce fut au souffle de cette philosophie incrédule que s'éleva l'orage révolutionnaire.
A l'ardeur des philosophes se joignit, dans les Assem-

blées constituante et législative, l'hostilité sourde, mais tenace, d'un assez grand nombre de jansénistes. Enfin, comme si ce n'était pas assez de ces anciens adversaires, il naquit bientôt, sous les pas de la Révolution, des classes entières d'hommes attachés par leurs passions ou leurs intérêts à consommer la ruine de l'ancienne Église, les prêtres apostats et les acquéreurs de biens nationaux.

Et, cependant, à l'aurore de la Révolution, quand tout germe de division semblait se fondre aux premiers rayons de la liberté naissante, il y eut des heures d'un élan si pur, d'un enthousiasme si vrai, qu'on aurait pu concevoir de meilleures espérances. On sait ce qui en advint ; la liberté religieuse fut proclamée en tête de toutes les constitutions qui se succédèrent de 1789 à l'an VIII ; mais en la proclamant toujours, on ne la respecta jamais. La loi qui mit les biens du clergé à la disposition de la nation commença la scission entre la Révolution et l'Église. On ne s'en tint pas là ; les lois essentielles de l'Église ne tardèrent pas à être violées par la constitution civile du clergé. Cet acte « prouve invinciblement, dit M. Jules Simon, qu'aux yeux de l'Assemblée constituante, la liberté religieuse n'existait pas », et dès lors la rupture fut consommée. La constitution civile enfanta le schisme et bientôt après la persécution. La triste histoire en est connue, et nous n'essayerons pas de la refaire. A la Terreur succéda un régime moins violent qui permit de respirer, sans ramener pourtant ni la liberté pour le culte, ni la sécurité pour ses ministres. Mais la foi, qui, naissante, grandissait sous l'effort des colères païennes, avait durant tant de siècles poussé de profondes racines dans le sol français ; et dès qu'un moment de lassitude chez les gouvernants, ou de réaction dans l'opinion publique, lui permettait de se manifester, le sentiment religieux donnait des preuves éclatantes de sa vitalité. « De nombreuses pétitions, disait aux Cinq-Cents Robert (de la Côte-d'Or), vous sont adressées de tous les points de la République ; partout on vous demande le rétablissement du culte » (séance du 27 prairial an V). A la même époque, Camille Jordan se fit l'interprète éloquent du mouvement religieux qui s'opérait dans les esprits, et son rapport sur les cultes produisit une sensation profonde. Il y demandait que la liberté religieuse cessât d'être une lettre morte, et que du frontispice de la constitution elle passât dans les lois d'une constante application. Les paroles généreuses de Camille Jordan trouvèrent de l'écho dans les conseils que les élections commençaient à remplir d'hommes nouveaux, et la loi du 7 fructidor an V abrogea les lois qui frappaient les prêtres insermentés. Mais le Directoire et la plupart des hommes en place, sortis de la Révolution, étaient, à l'égard de la religion catholique, restés fidèles aux tendances de la Convention : suspendues momentanément, les rigueurs furent reprises après le coup d'État du 18 fructidor et se prolongèrent jusqu'au 18 Brumaire. Le régime sorti de cette dernière journée avait mis le gouvernement tout entier dans les mains d'un seul homme, et le génie de cet homme était si vaste, sa volonté si ferme, que rien ne devait échapper à son action toute-puissante. De lui donc et de lui seul allait dépendre le régime auquel l'Église serait soumise. Lui aussi sortait de la Révolution, et avant de l'étouffer à son profit, il l'avait énergiquement soutenue contre les ennemis du dehors et ceux du dedans. Il avait été le protégé de Robespierre jeune et de Barras ; ses idées religieuses devaient être peu favorables au catholicisme, à en juger par la célèbre proclamation d'Alexandrie, et, cependant, plus d'une fois déjà, soit respect involontaire pour la foi de son enfance, soit grandeur d'âme, soit pressentiment de ses destins futurs, il avait rompu complètement avec les traditions et les vues du gouvernement révolutionnaire.

Il n'avait tenu qu'à lui en l'an V de renverser le gouvernement du pape ; le Directoire le voulait ; la route de Rome était ouverte ; Miot, ambassadeur de la République à Florence, poussait de toutes ses forces à la destruction du pouvoir temporel. (*Mémoires* de Miot, I, 91.) Cependant Bonaparte prit sur lui de signer le traité de Tolentino, qui, tout en dépouillant le pape d'une partie de ses États, respectait le principe de son pouvoir. Il se montra même, à cette occasion, prodigue de démonstrations de respect pour la personne

de Pie VI. Quelques jours avant, il avait pris sous sa
protection les prêtres insermentés que l'armée française
avait trouvés dans les États romains, et obtenu du Directoire un arrêté qui autorisa les prêtres insermentés
de France à chercher un asile dans les possessions du
saint-siège.

L'esprit de sage et humaine politique qui avait guidé
le général en chef de l'armée d'Italie se retrouva dans
les actes du premier consul. A son avènement, les dé-
portations cessèrent et les prisons s'ouvrirent, un certain nombre d'églises furent rendues au culte, et une
simple promesse de fidélité à la constitution rem-
plaça tous les serments qu'on avait exigés du clergé. A
l'ombre de la liberté nouvelle qui lui était laissée, on
vit l'Église renaître peu à peu de ses ruines. Mais les
desseins du futur empereur allaient bien au delà de ces
mesures réparatrices. Il n'entrait pas dans ses vues que
la religion se relevât seule et par degrés, il voulait
qu'elle fût restaurée tout d'un coup, par un acte écla-
tant, providentiel, pour ainsi dire, et que cette restauration fût son ouvrage. Il avait, pour agir ainsi, des
motifs puissants et de diverse nature. Il voulait qu'une
religion fut rétablie en France, parce qu'animé lui-
même d'instincts religieux, il sentait la nécessité d'un
culte au sein d'un grand peuple. Il voulait que cette
religion fût la religion catholique, parce que c'était
celle du plus grand nombre, celle qu'une longue alliance
et d'antiques souvenirs identifiaient avec les destinées

de la nation. Il voulait que ce rétablissement fût immédiat, parce que son génie, essentiellement régulateur, ne pouvait voir avec indifférence l'état de trouble qui régnait dans les consciences, et parce qu'il entrait dans ses goûts comme dans ses calculs d'étonner les hommes par des coups d'éclat. Il voulait enfin que ce rétablissement fût son œuvre, parce que, considérant la religion comme un moyen de gouvernement, il tenait à ne pas la laisser en dehors de son action, et qu'il pensait s'assurer ainsi la reconnaissance des âmes religieuses et le concours docile du clergé. Telles étaient les secrètes dispositions du premier consul. Il en donna les premières marques publiques dans un discours adressé au clergé de Milan, le 3 juin 1800 ; on y remarquait les phrases suivantes :

« Persuadé que la religion catholique apostolique romaine est la seule qui puisse procurer un bonheur véritable à une société bien ordonnée, et affermir les bases d'un bon gouvernement, je vous assure que je m'appliquerai à la protéger et à la défendre, dans tous les temps et par tous les moyens.... Une société sans religion est comme un vaisseau sans boussole.... La France, instruite par ses malheurs, a ouvert enfin les yeux ; elle a reconnu que la religion catholique était comme une ancre qui pouvait seule la fixer dans ses agitations, et la sauver des efforts de la tempête ; elle l'a en conséquence rappelée dans son sein. Je ne puis pas disconvenir que je n'aie beaucoup contribué à cette belle œuvre.... » Quelques jours après, Napoléon, vainqueur à Marengo, sentit sa gloire assez haute et sa puissance assez forte pour braver les railleries de ses généraux et briser les résistances de son entourage. Dans une entrevue avec le cardinal Martiniani, évêque de Verceil, il lui jeta quelques brèves paroles sur la possibilité d'une réconciliation avec l'Église, et ces paroles, transmises à Rome en toute hâte, furent le point de départ de la négociation du concordat.

Il y avait alors un peu plus de deux années que le Directoire s'était emparé de Rome, avait fait traîner le pape dans l'exil où il devait mourir, et ordonné la dispersion du Sacré-Collège. Il semblait que tout conclave fût devenu impossible et que la papauté ne dût pas survivre à ce grand naufrage. Pourtant à la mort du prisonnier de Valence, le conclave s'était réuni à Venise ; du sein de cette assemblée était sorti le choix le mieux fait pour rendre la paix à l'Église, et l'envoyé du cardinal Martiniani trouva le nouveau pape sur le seuil de Rome, où il rentrait solennellement le 3 juillet 1800.

Pour comprendre les sentiments avec lesquels Pie VII dut accueillir les ouvertures qui lui étaient faites, il faut se représenter l'état où se trouvait la religion en France. En ce moment même, le retour du calme rendait plus sensibles les plaies causées par le schisme. Deux, et pour ainsi dire trois clergés étaient en présence. Le clergé constitutionnel était généralement

méprisé, mais les anciens révolutionnaires le proté-
geaient en haine du clergé insermenté. Ces pasteurs
sans troupeau détenaient, du reste, un grand nombre
d'églises, et bien que leur nombre fût diminué par
l'apostasie, la mort et d'heureuses rétractations, les plus
ardents, réunis alors en concile, se montraient assez
remuants, assez infectés de l'esprit de secte, pour être
une occasion de scandale et un obstacle aux progrès du
clergé fidèle. Celui-ci était lui-même divisé. Le plus
grand nombre des prêtres insermentés n'avaient pas
cru manquer à leurs devoirs en profitant de la tolérance du gouvernement et en promettant soumission
aux lois. Mais d'autres, cédant à des scrupules respectables dans leur exagération, ou mêlant la foi politique
à la foi religieuse, se refusaient à un acte qui impliquait
à leurs yeux reconnaissance du nouvel état de choses
et adhésion aux crimes révolutionnaires. Ce clergé
ainsi divisé était aussi considérablement réduit : l'échafaud, les massacres, les souffrances de la déportation
ou les misères d'une vie errante et cachée l'avaient
plus que décimé ; la plupart des évêques s'étaient réfu-
giés à l'étranger ; beaucoup y étaient encore, et corres-
pondaient, comme ils pouvaient, avec leurs diocèses.
Ceux qui étaient morts n'avaient pu être remplacés, et
le malheur des temps n'avait pas même permis aux
chapitres de pourvoir régulièrement à l'administration
des sièges vacants. Les prêtres qui avaient fait la promesse de soumission aux lois pouvaient seuls officier

publiquement dans un nombre d'églises restreint qu'il leur fallait souvent partager avec le culte constitutionnel et les cérémonies décadaires. Les autres ne pouvaient célébrer les saints mystères que dans l'ombre, au milieu des bois ou dans les demeures privées; parmi les laïques, plusieurs avaient senti leur foi se fortifier par la persécution ; mais chez d'autres, en grand nombre, l'habitude des pratiques religieuses se perdait faute de secours; l'Église cessait d'être appelée à consacrer la naissance, le mariage et la mort. Beaucoup aussi étaient restés hostiles. Enfin, sans parler de l'état de délabrement des édifices, du manque d'objets nécessaires à l'exercice du culte, le clergé n'avait plus de quoi vivre ; rien ne lui était resté du patrimoine que la piété des siècles passés avait constitué pour la subsistance de l'Église et des pauvres.

Pie VII reçut donc avec joie le message de paix qui lui faisait espérer l'amélioration d'un état de choses aussi douloureux. Mais si un prompt remède était nécessaire, il était difficile de l'apporter. « A Paris, dit M. Thiers, il y avait le parti des railleurs, des sectateurs encore vivants de la philosophie du dix-huitième siècle, des anciens jansénistes devenus prêtres constitutionnels, et enfin des généraux imbus de préjugés vulgaires; c'était l'obstacle du côté de la France. A Rome, il y avait la fidélité aux précédents antiques, la crainte de toucher aux dogmes en touchant à la discipline, des défiances contre ce qui sortait de la Révolution, une sympathie bien explicable pour le parti royaliste avec qui l'Église avait tant de souvenirs et de malheurs communs.... C'était l'obstacle du côté du saint-siège. » Mais si jamais les pouvoirs temporel et spirituel ne s'étaient rencontrés en de plus grandes circonstances, « jamais ils n'avaient été plus dignement représentés ».

« Ce jeune homme si sensé, si profond dans ses vues, mais si impétueux dans ses volontés, qui gouvernait la France, ce jeune homme, par un singulier dessein de la Providence, se trouvait placé sur la scène du monde en présence d'un pontife d'une vertu rare, d'une physionomie et d'un caractère évangéliques, mais d'une ténacité capable de braver jusqu'au martyre lorsqu'il croyait compromis les intérêts de la foi ou ceux de la cour romaine. »

Le négociateur envoyé par Pie VII fut monseigneur Spina, archevêque de Corinthe, qui avait partagé la captivité et fermé les yeux de Pie VI ; avec ce prélat, vint pour l'assister le père Caselli, général des Barnabites, théologien consommé. Le premier consul avait choisi, pour traiter avec les représentants de Rome, l'abbé Bernier, habile et heureux pacificateur de la Vendée. Spina et Caselli arrivèrent à Paris au mois d'octobre 1800, et les négociations commencèrent immédiatement.

D'après M. Thiers, le plan primitif du premier consul était déjà, dans son ensemble au moins, tel ou à peu près tel qu'il fut plus tard réalisé par le concordat.

Démission imposée à tous les évêques anciens titulaires ; nouvelle circonscription diocésaine ; soixante sièges au lieu de cent cinquante-huit ; composition d'un clergé nouveau formé d'ecclésiastiques de tous les partis ; nomination des évêques par le premier consul, institution par le pape ; nomination des curés par les évêques ; promesse de soumission au gouvernement établi ; traitement sur le budget de l'État ; renonciation aux biens de l'Église et reconnaissance complète de la vente de ces biens, etc.

La cour de Rome admettait certains points, mais en repoussait d'autres, se laissant quelquefois guider par des traditions qu'elle avait peine à oublier (c'est ainsi qu'elle insistait pour obtenir à la religion catholique le titre de religion de l'État), obéissant plus souvent à de nobles scrupules, quand par exemple elle se défendait de destituer les titulaires des anciens sièges qui refuseraient de se démettre. Il lui coûtait de frapper des prélats vénérables qui avaient montré une inviolable fidélité à l'Église à travers toutes les persécutions et toutes les misères, et c'est à peine si elle s'en croyait le droit. Quant aux constitutionnels, indépendamment d'une vive répugnance à leur confier des sièges, Rome tenait à obtenir d'eux une complète rétractation de leurs erreurs. En ce qui concernait la nomination des évêques par le chef de l'État, Rome demandait une réserve pour le cas où l'un des successeurs du premier consul serait protestant. Pour la reconnaissance de la

vente des biens de l'Église, le négociateur romain, tout
en renonçant à poursuivre le recouvrement des biens
vendus, résistait à toute formule qui impliquât l'approbation morale de ce qui s'était passé, et la reconnaissance du droit d'aliénation, il demandait la restitution
des biens non encore aliénés et la possibilité d'en acquérir de nouveaux.

La négociation fut longue. Les négociateurs étaient
pleins de bon vouloir; mais Spina ne pouvait prendre sur lui certains sacrifices, et Bernier, instrument
plein de dextérité du premier consul, n'avait pas l'autorité nécessaire pour modifier les idées auxquelles
celui-ci s'était une fois attaché. Or, malgré une sagacité prodigieuse et une pénétration extrêmement rapide, Napoléon, étranger aux matières ecclésiastiques,
ne pouvait apprécier justement toutes les difficultés
qu'il rencontrait, et sa volonté impérieuse, quoique
accessible encore à la voix de la raison, s'irritait de
résistances qu'il ne s'expliquait pas toujours ; auprès
de lui, d'ailleurs, personne qui réunît autorité et lumières suffisantes pour l'éclairer. Le ministre des affaires étrangères Talleyrand aurait seul pu le faire ;
mais, d'après M. Thiers, il se montrait, à raison de sa
situation personnelle, peu porté à aider au rétablissement des autels qu'il avait désertés. Le dénouement
fut hâté par un incident qui, d'abord, avait paru me-
naçant. Impatient d'en finir, le premier consul fait
venir les négociateurs, gourmande Spina sur le pré-

tendu mauvais vouloir de la cour de Rome, menace de tout rompre, et envoie à M. Cacault, son ambassadeur à Rome, l'ordre impérieux de quitter la ville, si le projet qu'il envoie n'est pas accepté dans les trois jours. Cacault, ministre honnête et clairvoyant, admirateur fervent du premier consul, et sincèrement dévoué au saint-siège, fut atterré par cette nouvelle. Il n'était pas plus possible au pape d'admettre le projet dans son intégrité, qu'à l'ambassadeur de manquer aux ordres qu'il avait reçus. Dans cette extrémité, Cacault, tout en se retirant à Florence, décida le cardinal Consalvi, premier ministre, à partir avec lui, et à se rendre à Paris pour suivre la négociation. Il pensait avec raison que cette démarche satisferait le premier consul, et, d'autre part, que Consalvi avait, plus que qui que ce fût, l'habileté et l'autorité nécessaires pour terminer cette grande œuvre. Le cardinal arriva à Paris, fort inquiet et fort ému de la tâche qui lui était imposée ; mais, enfin, après trois semaines environ de travaux, de discussions et de luttes pénibles, on parut s'être mis d'accord, et un décret du 23 messidor an IX nomma, pour signer le concordat, du côté de la France, Joseph Bonaparte, le ministre de l'intérieur Crétet, et l'abbé Bernier. « Le premier consul, écrivait Maret à Joseph en lui envoyant copie du décret, désire que cette négociation soit terminée dans les vingt-quatre heures, il attache un grand prix à ce que la convention à intervenir porte la date du

14 juillet... » Malgré ce désir, le concordat ne put être signé à cette date, un incident, raconté dans les mémoires de Consalvi (Crétineau Joly, *l'Église romaine en face de la Révolution,* tome Ier, page 282), ayant rouvert la discussion ; enfin, à deux heures du matin, dans la nuit du 26 au 27 messidor, le concordat fut conclu et signé, grâce en partie à l'honorable initiative de Joseph. Le cardinal Consalvi repartit presque aussitôt pour Rome, et un mois après, un courrier extraordinaire rapportait la ratification du saint-père. Sur la demande du premier consul, le cardinal Caprara fut envoyé comme légat pour suivre l'exécution du concordat, car il restait encore bien des détails à régler, la démission des anciens évêques à obtenir, les nouvelles circonscriptions à préparer, le choix des évêques à arrêter. Portalis, nommé ministre des cultes, et l'abbé Bernier s'entremirent avec zèle sur toutes ces questions ; mais sur tous les points où leur maître avait des idées arrêtées, ils étaient impuissants à en changer le cours. C'est ainsi que, malgré le légat et même malgré Portalis, le premier consul fit dans les choix nouveaux une part assez grande à l'élément constitutionnel. Deux motifs tout politiques le guidaient ; il ne voulait pas paraître répudier entièrement l'héritage de la Révolution, et, tenant essentiellement à la dépendance, il était sur ce point beaucoup plus sûr de ces hommes que des prêtres insermentés. Ces négociations, la préparation des articles organiques et quelques

velléités d'opposition, qui s'étaient manifestées au sein des corps constitués, retardèrent la promulgation du concordat ; il fut enfin soumis aux chambres dans une session extraordinaire, tenue en germinal an X. En même temps était présentée une loi sur l'organisation du culte, connue sous le nom d'articles organiques, et sur laquelle nous devrons revenir tout à l'heure. Un exposé des motifs, rédigé par Portalis, accompagnait cette présentation qui ne rencontra point d'opposition sérieuse, la volonté du premier consul étant bien connue. Les deux projets furent convertis en loi le 18 germinal an X (8 avril 1802), et le jour de Pâques qui suivit (18 avril), le premier consul assista à un *Te Deum* chanté solennellement à Notre-Dame, pour célébrer la paix générale et la réconciliation avec l'Église.

Il ne saurait entrer dans le cadre de cet article de retracer, même en abrégé, la lutte politique et religieuse que l'ambition de Napoléon, devenue impatiente de toute résistance, ne tarda pas à amener entre l'empire et la papauté, lutte qui succéda si vite aux relations amicales de l'époque du concordat et du sacre. La personne et les États du pape tombèrent bien vite et bien facilement au pouvoir du tout-puissant empereur ; mais pendant longtemps tout ce pouvoir se brisa contre la résistance passive du saint-père. Un jour, enfin, captif, affaibli par ses souffrances morales et physiques, isolé de ses conseillers, entouré de suggestions, Pie VII fléchit sous l'ascendant personnel de l'empereur, et signa le concordat de 1813 (25 janvier). Cet acte contenait l'abandon complet du pouvoir temporel, et quant au spirituel, resserrait la faculté pour le pape de disposer de l'institution canonique dans un délai de six mois, passé lequel elle serait donnée par le métropolitain. Mais dès que Pie VII eut retrempé son courage dans la présence et les conseils des cardinaux Consalvi, Pacca, di Pietro, etc., il se hâta de révoquer le consentement arraché à un moment de faiblesse (24 mars 1813), et la chute de l'empire étant survenue peu après, le concordat de Fontainebleau ne reçut aucune exécution.

La Restauration s'en tint, dans les premiers moments, au concordat de 1801 ; mais le nombre des diocèses créés était devenu insuffisant ; la nécessité d'en établir de nouveaux et de remanier l'ancienne circonscription, amena des négociations suivies avec le saint-siège. M. de Blacas conclut (11 juin 1817) une convention nouvelle, qui rétablissait le concordat de François Iᵉʳ. Celui de 1801 cessait d'avoir son effet, et les articles organiques étaient abrogés « en ce qu'ils ont de contraire à la doctrine et aux lois de l'Église »; une dotation en biens-fonds et en rentes devait être assurée aux sièges tant existants qu'à ériger de nouveau, ainsi qu'aux séminaires, aux cures et aux chapitres. L'opinion des Chambres, fortement manifestée dès avant la discussion, fit retirer le projet de loi, et le saint-siège dut renoncer à l'exécution du nouveau concordat. On y suppléa par la loi du 4 juillet 1821, qui autorisait le roi à établir, d'accord avec le pape, trente archevêchés ou évêchés nouveaux ; le concordat de 1801 resta en vigueur, et c'est encore la loi qui nous régit. Il est temps d'en faire connaître la teneur.

Concordat de 1801. Un court préambule rappelle que la religion catholique, apostolique, romaine, est la religion *de la grande majorité des Français*, et que les consuls en font « profession particulière ». Il est dit ensuite dans l'article 1er « *qu'elle sera librement exercée en France ;* son culte sera public en se conformant aux règlements de police que le gouvernement jugera nécessaires pour la tranquillité publique ». Les articles 2, 3, 4, et 9 sont relatifs à la nouvelle circonscription des diocèses et paroisses, à la démission des anciens titulaires, à la nomination des nouveaux évêques, que *nommera* le premier consul et auxquels Sa Sainteté « *conférera l'institution canonique* suivant les formes établies, par rapport à la France, avant le changement de gouvernement ».

Article 5. « Les nominations aux évêchés qui vaqueront dans la suite seront également faites par le premier consul, et l'institution canonique sera donnée par le saint-siège en conformité de l'article précédent.» Les articles 6 et 7 sont relatifs au serment d'obéissance et fidélité au gouvernement établi, que prêteront les évêques et les ecclésiastiques de second ordre ; l'article 8 à la formule de prière qui sera récitée pour le gouvernement à la fin des offices. Article 10. « Les évêques nommeront aux cures. Leur choix ne pourra tomber que sur des personnes agréées par le gouvernement. » Article 11. « Les évêques pourront avoir un chapitre dans leur cathédrale et un séminaire pour leur diocèse, sans que le gouvernement s'oblige à les doter. » L'article 12 a trait à la restitution au culte des églises non aliénées, et l'article 13 aux acquéreurs des biens nationaux « que Sa Sainteté et ses successeurs ne troubleront en aucune manière ». Par l'article 14, le gouvernement promet d'assurer un traitement convenable aux évêques et curés ; et par l'article 15 de prendre des mesures pour que les catholiques puissent faire des fondations en faveur des églises. Article 16. Sa Sainteté reconnaît dans le premier consul de la République française les mêmes droits et prérogatives dont jouissait, près d'elle, l'ancien gouvernement. Article 17. « Dans le cas où l'un des successeurs du premier consul actuel ne serait pas catholique, les droits et prérogatives mentionnés dans l'article ci-dessus et la nomination aux évêchés seront réglés, par rapport à lui, par une nouvelle convention. »

Cet acte, en lui-même, a soulevé deux griefs principaux. On a dit que le pape avait *excédé les bornes* de son pouvoir en instituant des titulaires nouveaux lorsque les anciens n'avaient pas cru devoir se soumettre, et en promettant pour lui et pour ses successeurs de ne pas poursuivre la restitution des biens de l'Église. Cette opinion, professée par un petit nombre d'ecclésiastiques et même de laïques, aussi fervents qu'obstinés, a donné naissance à la secte connue sous le nom de *petite Église*, qui n'a point voulu reconnaître le concordat. On y répond suffisamment par ces paroles de Bossuet : *Concedimus enim in jure quidem ecclesiastico papam nihil non posse cum necessitas id postulârit. (Defensio Declarationis Cleri Gallicani*, lib. IX, cap. xx.)

On a prétendu d'un autre côté qu'on avait laissé pour l'institution canonique une latitude excessive au saint-siège, et qu'il aurait fallu limiter à un délai déterminé le droit de la refuser. C'est la modification que Napoléon a voulu faire sanctionner par le concile de 1811 et que nous avons vue introduite dans la convention de 1813. De Pradt, cédant sans aucun doute à des ressentiments personnels, a longuement soutenu cette thèse. M. Thiers lui répond en ces termes : « Vouloir fixer un délai de quelques mois après lequel l'institution du pape aurait été considérée comme accordée, c'eût été forcer l'institution même, enlever au pape son autorité spirituelle, et renouveler pas moins que la mémorable et terrible querelle des investitures. » En supposant même que l'autorité religieuse du saint-siège pût quelquefois refuser systématiquement l'institution aux évêques choisis, afin d'obtenir par ce moyen des concessions du gouvernement temporel, on devrait

reconnaître que cet abus passager serait moins dange-
reux que le choix des évêques absolument remis à la
discrétion de l'autorité civile.

Les articles organiques ont soulevé des controverses
plus sérieuses et qui ne sont pas encore terminées. Ils
ont été l'objet des protestations du saint-siège, et les
catholiques français les ont combattus en mainte occasion. Parmi les monuments de ces attaques, il faut citer
l'éloquent discours que M. de Montalembert prononça
le 16 avril 1844 devant la chambre des pairs et un
mandement de Mgr de Bonald, archevêque de Lyon,
du 21 novembre 1844, qui fut supprimé par ordonnance royale à la suite d'un appel comme d'abus. L'auteur anonyme d'une remarquable étude sur *la liberté
religieuse et la législation actuelle* en a fait une critique sévère au point de vue libéral. Les articles organiques ont trouvé aussi de zélés défenseurs parmi
lesquels M. Dupin s'est montré le plus ardent. Il en
fait « le fondement de notre droit public ecclésiastique »
et prétend que « l'État s'abdiquerait lui-même, s'il
pouvait jamais y renoncer ». M. Thiers les défend
aussi ; il soutient que cette loi « était pour le gouvernement français un acte tout intérieur qui le regardait
seul, et qui, à ce titre, ne devait pas être soumis au
saint-siège. *Il suffisait qu'elle ne contînt rien de contraire au concordat, pour que la cour de Rome ne fût
pas raisonnablement fondée à s'en plaindre...* Il est
bien vrai que *plus tard* ces articles sont devenus l'un

des griefs de la cour de Rome contre Napoléon, mais ils furent un prétexte plutôt qu'un grief véritable. Ils avaient été du reste communiqués au cardinal Caprara, qui ne parut point révolté à leur lecture, à en juger toutefois par ce qu'il écrivit à sa cour ; il fit quelques réserves et conseilla au saint-père de ne point s'en affliger, espérant, disait-il, que ces articles ne seraient pas exécutés à la rigueur ». Il y a beaucoup à redire sur cette appréciation. Il paraît certain, en effet, que le légat Caprara eut connaissance des articles organiques, et que ce cardinal, obsédé de difficultés et d'inquiétudes de toute nature, n'y apporta qu'une opposition assez faible. Mais à Rome les choses furent appréciées différemment et sur-le-champ. Dans une allocution adressée au Sacré-Collège, le jour de l'Ascension (1802), et publiée aussitôt après, Pie VII, en annonçant que le concordat venait d'être promulgué, déclara en même temps « que la consolation qu'il avait éprouvée du rétablissement de la religion en France lui était pourtant rendue bien amère par les lois organiques qui avaient été rédigées sans qu'il en sût rien et surtout sans *qu'il les eût approuvées* ». En même temps des instances étaient faites auprès du gouvernement français pour obtenir des modifications à ces articles. Un décret du 28 octobre 1810 a fait droit à quelques-unes des plaintes de l'Église : ainsi les brefs de la pénitencerie pour le for intérieur ont pu être exécutés sans autorisation du gouvernement ; les dis-

positions qui défendaient d'ordonner aucun ecclésiastique âgé de moins de vingt-cinq ans, ou ne justifiant
pas d'une propriété produisant au moins un revenu annuel de trois cents francs, ont été rapportées, ainsi que
la disposition portant que les vicaires généraux des
diocèses vacants continueraient leurs fonctions même
après la mort de l'évêque jusqu'à son remplacement.
Quant aux dispositions qui subsistent, il est évident
que plusieurs parmi elles ne portent aucune atteinte
aux principes posés par le concordat, que quelques-
unes même en contiennent l'exécution : tels les articles
relatifs à la circonscription des diocèses, au traitement
du clergé, mais il n'en est pas de même pour tous. En
admettant avec M. Thiers que le gouvernement eût le
droit de faire seul tout règlement intérieur qui ne fût
pas contraire au concordat, les catholiques et les amis
de la liberté religieuse demandent comment on peut
concilier l'article 1ᵉʳ du concordat : « La religion catholique, apostolique, romaine, sera librement exercée
en France... », avec les articles organiques qui exigent
l'autorisation du gouvernement pour que les évêques
français puissent se réunir, soit entre eux, soit aux assemblées délibérantes du reste de l'Église ; qui défen-
dent de faire aucune ordination sans l'agrément du
gouvernement, ce qui permet à l'État de forcer l'Église
à s'éteindre ; qui mettent le dogme lui-même entre
les mains de l'État, puisque aucune bulle, aucun
bref, rescrit, décret, soit du pape, soit des conciles gé-

néraux, ne peuvent être reçus ou imprimés en France sans l'autorisation du gouvernement, et que sur certains points il impose dans les séminaires l'enseignement de la doctrine qui lui est le plus agréable ; avec ceux enfin qui consacrent, dans l'institution des appels comme d'abus, l'immixtion d'une juridiction laïque dans des matières spirituelles qui par leur nature échappent à sa compétence.

Les défenseurs de la loi de germinal répondent, d'une part, que ce même article 1er accorde au gouvernement le droit de faire « les règlements qu'il croira nécessaires pour la tranquillité publique », et, d'autre part, que les dispositions qu'on accuse d'être oppressives ne sont que « les antiques maximes, traditions et usages de l'Église de France ».

Ils ne considèrent pas que la restriction de cet article ne s'applique dans le texte, comme elle ne peut s'appliquer selon la raison, qu'à *la publicité* et non à *la liberté* du culte, qui ne saurait dépendre des règlements de police. Ainsi, il n'y a pas lieu de réclamer contre l'article 45 qui interdit les cérémonies religieuses hors de l'église, dans les villes où il y a des temples consacrés à différents cultes. Quant aux traditions et maximes que l'on invoque, on pourra voir, au mot *Franchises gallicanes*, si c'est bien à l'Église qu'il faut les attribuer ; elles faisaient partie d'un ordre d'idées et de faits aujourd'hui détruits et hors duquel elles n'ont plus raison d'être. Ce sont de véritables débris de l'ancien régime, et qui n'avaient aucun titre à lui survivre. Quoi qu'il en soit, la loi de germinal an X, qui comprend le concordat et les articles organiques, est toujours en vigueur dans son entier, malgré les protestations de l'Église.

Concordats étrangers. Nous ne saurions entrer dans d'aussi longs détails à l'égard des concordats des nations étrangères. Nous nous bornerons à indiquer les principaux parmi ceux qui ont été passés depuis le commencement du siècle.

Il existait, avant les événements de 1859, divers concordats entre le saint-siège et plusieurs États de la péninsule italique, notamment le royaume de Sardaigne (dates diverses), le royaume des Deux-Siciles (16 février 1818), le grand-duché de Toscane (25 avril 1851). On sait comment s'est faite l'unité de l'Italie et quelles sont les relations actuelles de ce royaume avec le saint-siège. Dans cette situation violente et provisoire, il est inutile ou impossible de donner aucune notion sur le sort de ces différents traités, sur le régime qui leur a succédé, et celui que l'avenir réserve à l'Église dans cette contrée.

L'Espagne était régie par un concordat passé le 16 mars 1851, d'après lequel la religion catholique, apostolique, romaine, continuera d'être, à l'exclusion de tout autre culte, la seule religion de la nation espagnole, et doit être maintenue en tout ce qui dépend de Sa Majesté catholique *dans tous les droits et prérogatives*

*dont elle doit jouir suivant la loi de Dieu et les sanc-
tions canoniques.* L'éducation dans tous les collèges,
universités, etc., devra être conforme à la doctrine catholique, et les évêques, « dont le devoir est de sur-
veiller l'éducation de la jeunesse sous le rapport de la
morale et de la foi », ne rencontreront aucun obstacle
dans l'exercice de ce devoir.

Les évêques et le clergé qui leur est soumis auront
la même liberté dans toute autre partie de leurs fonctions, notamment en ce qui concerne le ministère sa-
cré de l'ordination. Le gouvernement leur assurera le
respect qui leur est dû et leur prêtera son concours,
« notamment pour empêcher la publication, introduction, circulation de livres dépravés et nuisibles ».
Le concordat remanie ensuite la circonscription des
diocèses, règle ce qui concerne les territoires dépendant des ordres militaires, la juridiction ecclésiastique, les chapitres, les bénéfices. Certains, parmi
ceux-ci, sont réservés à la nomination du pape. Les
autres nominations appartiennent à la reine, sauf l'institution canonique. Les ordres religieux d'hommes ou
de femmes qui joignent à la contemplation quelque
œuvre de charité ou d'utilité publique, comme l'éducation, le soin des malades, les missions, etc., sont
conservés ou rétablis. Un revenu est assuré aux évêchés, aux cures, aux églises, aux séminaires. Le droit
de l'Église de posséder et d'acquérir de nouvelles possessions est reconnu dans son entier. Quant aux biens

dont elle a été précédemment dépouillée, ceux qui n'ont pas encore été aliénés devront être restitués ; mais, s'il y a lieu, on pourra les vendre et en convertir le prix en rentes sur l'État, au profit de qui de droit. Le saint-siège renonce à réclamer les biens qui ont déjà été aliénés. On se réfère, enfin, pour les points qui n'auraient pas été prévus, aux canons et à la discipline de l'Église. L'exécution de ce concordat fut un instant suspendue par les difficultés qui s'élevèrent, en 1855, entre le saint-siège et le gouvernement espagnol, mais ce différend fut apaisé et le concordat rétabli. La révolution de 1868 est venue suspendre de nouveau l'exécution du concordat espagnol.

Le 21 février 1857, un concordat a été signé avec le Portugal sur la question du patronat des Indes et de la Chine, concordat ratifié le 15 avril 1859 par les chambres portugaises. En vertu de ce patronage la couronne de Portugal a le droit de présenter à l'institution canoniqne pour les sièges de Goa, de Malacca, de Macao, etc.

L'Allemagne catholique et même protestante compte un assez grand nombre de ces traités. Le concordat bavarois date du 5 juin 1817, celui de Prusse du 16 juillet 1821, ceux des anciennes provinces ecclésiastiques du Rhin du 16 août 1821 et du 7 avril 1827, celui de Hanovre du 26 mars 1824.

Un concordat, en date du 18 août 1855, avait mis fin aux difficultés que le joséphisme avait fait **naître** entre l'Autriche et Rome. Ce document et les articles complémentaires qui y sont joints est trop étendu pour trouver place ici ; on peut le trouver dans les *Annales ecclésiastiques*, qui font suite à l'*Histoire de l'Église* de l'abbé Rohrbacher (Paris, 1861, Gaume). On peut y remarquer le droit, pour le clergé et le peuple, de communiquer librement avec le saint-siège « en ce qui touche les choses spirituelles et les affaires ecclésiastiques ». Le droit de posséder est reconnu à l'Église. L'empereur présente à l'institution canonique pour les évêchés et les bénéfices. A la suite de modifications survenues en Autriche dans le système de gouvernement, il avait été question du reviser le concordat, d'accord avec le saint-siège, mais l'entente n'ayant pu s'établir, le gouvernement autrichien s'est purement et simplement affranchi des prescriptions du concordat. Toutefois, les dispositions relatives aux nominations ecclésiastiques continuent d'être pratiquées. Le Wurtemberg a conclu un concordat le 22 juin 1857, et le grand-duché de Bade le 28 juin 1859 ; mais ce dernier, repoussé par la législature badoise, n'a pu être mis à exécution.

Le gouvernement des Pays-Bas avait conclu un concordat le 18 juin 1827 ; il demeura inexécuté ; puis survint la révolution, qui sépara la Belgique de la Hollande. En 1841, le roi Guillaume II fit reprendre les négociations avec le pape Grégoire XVI, mais l'état des esprits fit ajourner la conclusion de ces démarches.

Enfin, en 1853, une bulle du pape, avec l'acquiescement tacite du gouvernement, rétablit la hiérarchie catholique en Hollande. Au reste, dans ce dernier pays, la législation tend à séparer le plus possible l'Église de l'État.

On sait quelles persécutions l'Église catholique romaine a subies en Pologne depuis la conquête de ce malheureux pays. Le pape Grégoire XVI publia, le 22 juillet 1842, une exposition de ses démarches, « pour remédier aux maux de la religion catholique en Pologne et en Russie », document qui fit sensation en Europe. Quelques années après, la Russie signait un concordat qui faisait droit à quelques-uns des griefs du saint-siège (3 août 1847). Les autres points devaient être réglés par une convention postérieure ; mais ce traité, une fois signé, fut laissé de côté, et tant que vécut l'empereur Nicolas, il ne fut même pas publié. Il ne l'a été qu'en 1856, et incomplètement. On peut consulter, sur cette publication et sur la manière dont le concordat a été exécuté, le livre du R. P. Louis Lescœur : *l'Église catholique en Pologne*. La législation de la Suède a été, jusqu'à présent, trop contraire à la liberté de conscience pour que l'Église catholique ait pu voir son existence, dans cette contrée, garantie par un traité régulier. En Angleterre, il n'y a pas de concordat, mais à la faveur de la liberté générale, le catholicisme y peut aujourd'hui relever sa tête, longtemps courbée sous des lois d'exception.

La république de Costa-Rica, en Amérique, a conclu un concordat le 7 octobre 1852. Les évêques ont un droit de surveillance sur l'éducation et sur les livres qui « se rapportent aux dogmes de la foi, à la discipline de l'Église, et à l'honnêteté publique des mœurs. Les évêques, aussi bien que le clergé et le peuple, pourront librement communiquer avec le saint-siège ». Une dotation est assurée à l'Église en compensation des dîmes dont le saint-siège autorise la suppression. Le gouvernement a le droit de présentation pour l'église de Saint-Joseph et la plupart des dignités du chapitre. Les cures paroissiales seront conférées conformément aux prescriptions du concile de Trente, par voie d'examen public ou de concours. Toutes les causes civiles du clergé rentrent dans la juridiction des juges laïques, ainsi que les causes criminelles. Seulement, pour celles-ci, la qualité du coupable comporte certaines mesures spéciales. Ainsi, l'évêque doit être informé sur-le-champ de son arrestation. Le droit de posséder est reconnu à l'Église. Il ne sera mis aucun obstacle à l'établissement de maisons religieuses. Le saint-siège renonce à poursuivre le recouvrement des biens ecclésiastiques qui ont été vendus.

Cette convention a été la première d'une série de concordats passés avec les républiques américaines de Guatemala (1853), d'Haïti (1860), du Honduras (1861), de l'Équateur, du Venezuela, du Nicaragua et de San-Salvator (1862).

Bibliographie. — Fleury, *Histoire ecclésiastique.* — De Pradt, *les Quatre Concordats ;* 1817. — Thiers, *Histoire du Consulat et de l'Empire.*— Ed. Laboulaye, *Des Rapports mutuels de l'Église catholique et de l'État, à l'occasion des attaques dirigées contre les atticles organiques du concordat de 1801 (Revue de législation,* tome XXII, p. 449 ; 1845). — Jules Simon, *la Liberté de conscience.* Paris, Hachette ; 1857. — *La Liberté religieuse et la Législation actuelle.* Paris, Dumineray ; 1860. — Dupin, *Manuel du droit ecclésiastique français.* Paris, Plon ; 1860. — *Conventiones de rebus ecclesiasticis inter sanctam sedem et civilem potestatem.* Moguntiæ ; 1870. — Prince Albert de Broglie, *la Souveraineté pontificale et la Liberté.* Paris, Douniol ; 1862. — Warnkœnig, *Die stadtsrechtliche Stellung der katholischen Kirche in den katholischen Lændern des deutschen Reichs.* Erlangen ; 1855. — *Voy.* aussi le *Deutsches Staatswœrterbuch,* de Bluntschli et Brater , Stuttgart et Leipzig, 1860, t. V ; ainsi que le *Staatslexicon* de Rotteck et Welker, t. III. Leipzig, Brockhaus, 1859 [1].

1. G. de Bourge a encore publié dans le même ouvrage les articles *Extradition,* t. I, p. 979-983 ; *Franchises gallicanes,* p. 1060-1065, et *Jury,* t. II, p. 159-165.

IV

LA COLONIE PÉNALE

DES TROIS-FONTAINES

(Extrait du *Bulletin de la Société de législation comparée.*)

La Colonia Penale delle tre Fontane, par Pietro Nocito (extrait de la *Nuova Antologia*). Roma, 1882. — A trois kilomètres de Rome, dans la direction d'Ostie, se trouve le vallon des Trois-Fontaines, célèbre par la décollation de saint Paul. Il y eut là jadis une abbaye cistercienne qui, dans une longue suite de siècles, compta des jours de ferveur et de relâchement, de prospérité et de décadence, mais qui, du moins, ne cessa jamais de maintenir la terre en culture. La dispersion des moines par l'armée française, au nom de la Révolution, suspendit tout travail agricole pendant un grand nombre d'années, et la fièvre prit possession de ces lieux. Ils furent assignés comme asile, lors de la restauration pontificale, à une communauté de femmes qui, bientôt décimée, dut quitter la place, ne laissant d'autre trace de son passage qu'un petit cimetière promptement rempli. Depuis, la malaria régna là, seule et sans conteste. Le jour, un religieux ouvrait aux rares visiteurs les anciens sanctuaires et rentrait le soir à Rome. Encore cet unique gardien devait-il être changé souvent! Je me souviens d'avoir fait, il y a longtemps, ce pèlerinage; le site avait sa poésie, mais c'était la poésie de la désolation et de la ruine.

Au mois de juillet dernier, une délégation de la Commission italienne de statistique judiciaire pénale, composée de professeurs des universités, d'un conseiller de Cour, d'un représentant du ministère de grâce et de justice, etc., se rendait aux Trois-Fontaines. Elle y trouvait une exploitation agricole en pleine et fructueuse activité : des moissons en meules ou sous la batteuse, des vignes pleines de promesses, des troupeaux et une basse-cour bruyante, une forge, des ateliers au travail, des bâtiments en construction, partout le mouvement et la vie ayant succédé à l'abandon et à la mort!

Ce sont les constatations faites dans cette visite officielle et les causes de cette transformation que M. Pietro Nocito, l'un des visiteurs, a retracées dans une notice émue, vivante, qui sera lue avec intérêt par tout le monde, avec fruit par les personnes qui s'occupent de questions pénitentiaires ou agricoles, avec consolation par les amis attardés d'une politique sage et libérale.

En 1868, des Trappistes français appelés dans ces lieux par Pie IX y reprirent, contre le sol et l'air empesté, une lutte qui fut d'abord malheureuse, étant trop inégale. En peu de temps, douze des religieux succombèrent. Un détachement d'environ quarante galériens était venu avec eux; presque tous prirent la fièvre; la moitié périt; le reste fut retiré. Les survivants des religieux continuèrent à défricher et à cultiver comme ils purent, rentrant chaque jour à Rome avant le coucher du soleil, aidés seulement de quelques pauvres paysans des Abruzzes que la misère obligeait à gagner leur vie au prix même de cette vie. En 1871, les Pères eurent l'idée d'essayer de l'eucalyptus, dont certains d'entre eux avaient pratiqué la culture et vu les effets en Algérie. Pour premier essai, ils plantèrent cinquante eucalyptus dans une petite cour intérieure où, jusqu'en 1872, la niveau constant de l'eau se trouvait à 5 centimètres de profondeur. Trois ans après, on ne trouvait plus l'eau qu'à 1^m,95, et à partir de 1874, les religieux purent cesser de passer les nuits à Rome. Ce succès fit grand bruit. Un homme d'initiative et de dévouement, le sénateur Luigi Torelli, prit en main la cause des Trappistes et de l'eucalyptus; c'était aussi la cause de la salubrité et de la culture en Italie où, sur soixante-neuf provinces, soixante-trois comptent des territoires en proie à la malaria, où plus du quart des voies ferrées traversent des régions paludéennes, où chaque année 9,000 à 10,000 employés des chemins de fer sont atteints par la fièvre. Il gagna cette cause devant le Sénat et auprès du gouvernement. Les Trappistes manquaient de terres, d'argent et de bras; constitués en société agricole libre, ils obtinrent, sous cette forme, de la *junte* liquidatrice des biens ecclésiastiques une concession emphythéotique de 500 hectares; puis le ministre de l'intérieur leur envoya environ trois cents condamnés choisis parmi ceux qui, d'une part, étaient notés pour leur bonne conduite, et d'autre part, étaient préparés par leurs antécédents aux travaux des champs ou des bâtiments.

Comment les Trappistes ont-ils répondu aux avantages qui leur étaient faits? Le contrat de concession les obligeait à planter, en dix ans, cent mille eucalyptus. Or, le bureau central du Sénat constatait, en 1880, que s'ils continuaient à s'exécuter avec la même rapidité, ils auraient accompli cette obligation en cinq années. Peut-être même dépasseront-ils cette prévision, puisque, du 1er octobre 1880 au 1er octobre 1881, ils ont planté, sur une superficie de 32 hectares, 25,809 jeunes arbres appartenant à différentes variétés, pour que l'expérimentation fût complète. Nos religieux d'Algérie se montrent particulièrement habiles dans cette culture délicate, et un observateur compétent a pu qualifier la colonie des Trois-Fontaines d' « école normale pour l'acclimatation de l'eucalyptus ». Bientôt il y aura aux portes de Rome une petite forêt de ces arbres salutaires, qui formera comme un avant-poste contre l'invisible et insaisissable ennemi [1].

---

1. Le danger est atténué, reculé, mais non supprimé. Les membres les plus exposés de la colonie sont ceux des religieux qui, dès l'aube, courent la campagne à cheval, pour porter sur tous les points ordres et provisions, et mettre en train le travail du jour. Ils traversent souvent des points marécageux, et à cette heure, la chaleur naissante du soleil aspire et fait monter en vapeur l'humidité du

Les plantations ne sont pas les seules charges de la concession. Dans la pensée de ses protecteurs, la colonie des Trois-Fontaines est le premier jalon d'une grande entreprise d'amélioration de l'*Agro romano*. Un nouveau pénitencier s'élève donc dans la vallée du Buttaro, à 1,500 mètres de la colonie, et l'une des ailes sera bientôt prête à recevoir les condamnés campés jusqu'ici soit dans les anciens bâtiments conventuels, soit dans des baraquements provisoires. Des canaux en maçonnerie sont creusés pour l'irrigation des prés ; des routes se construisent ; on bâtit enfin un édifice destiné à recevoir une station sanitaire. Pour accomplir ces travaux, acquitter la redevance emphythéotique, nourrir et payer les condamnés, les Trappistes ont fort à faire et tirent parti de tout. Heureusement, loin que l'*eucalyptus* soit d'une végétation jalouse, tout prospère à son bienveillant abri. La vente du froment a produit, en 1882, 85,000 lires, celle des autres céréales 35,000 lires. La colonie possède 4,000 arbres fruitiers et 25,000 pieds de vigne qui, dans ce terrain volcanique, produisent un excellent vin. La vente s'en est élevée, en 1881, à 35,000 lires. L'étable et la basse-cour donnent aussi des recettes, et les ateliers de la colonie fabriquent tout ce dont elle a besoin.

Les *eucalyptus* eux-mêmes ne peuvent donner en-

sol. La notice cite l'exemple récent d'un frère tombé mort subitement, dans une course de ce genre, la rate gonflée par une succession de fièvres ayant crevé tout d'un coup.

core que de minimes produits. Si rapide que soit leur croissance, le profit des coupes est encore éloigné, et on ne recueille de semences productives que sur les sujets plantés depuis plus de cinq ans. Néanmoins, l'écorce dont les arbres se dépouillent chaque année alimente déjà la corroierie qui fournit la colonie de chaussures et de harnais, et les feuilles fortement aromatiques servent à la fabrication de vins et de liqueurs fébrifuges.

Il reste à connaître les résultats de l'entreprise au point de vue pénitentiaire. Le Père-Abbé, dans son rapport au ministre des travaux publics, parle ainsi des condamnés : « Tous les travaux ci-dessus indiqués, de défrichements, de plantations, d'ensemencements, de constructions de bâtiments, d'extraction de pierre et de pouzzolane, de fabrication et de réparation de voitures et harnais, etc., en un mot, tous les travaux de l'exploitation agricole ont été exécutés à notre pleine satisfaction par les condamnés. Nous avons même trouvé en eux des avantages auxquels nous ne nous étions pas attendus, résultant de ce que, nourris suffisamment, ils ne peuvent cependant manger ni boire avec excès, ni commettre les désordres auxquels les travailleurs libres se laissent trop facilement aller. » Si les religieux sont satisfaits des condamnés, ceux-ci, en général, ne sont pas moins contents de leur situation comparée à la réclusion antérieure. D'ordinaire, ils ont une telle crainte de quitter la colonie, que ceux

que la fièvre atteint en dissimulent les symptômes
tant qu'ils le peuvent, de peur de se voir éloignés. On
avait hésité à les employer pour certains travaux, tels
que le binage des vignes qui permettait aux malinten-
tionnés de détruire les résultats de plusieurs années de
travail, ou la vendange, le soutirage des cuves qui
offraient des tentations particulières. Ils ont réclamé,
on a cédé à leurs instances et on n'a eu qu'à se louer
de leurs soins et de leur discrétion. En résumé, dit la
notice, la colonie des Trois-Fontaines est devenue
pour les détenus des bagnes italiens un poste d'honneur et de récompense.

L'auteur n'hésite pas à attribuer la meilleure part
de cette amélioration morale au contact des religieux;
après avoir dit quelle est la vie de ceux-ci, il ajoute :
« Ce spectacle n'est pas sans influence sur les condamnés. Eux qui sont teints de sang et souillés de vols, ils
parlent, boivent du vin, mangent souvent de la viande.
Eux, pour ce qu'ils font, reçoivent un salaire, qui de
quatre-vingt-dix centimes et qui d'une lire par jour,
dont une partie leur est donnée pour améliorer leur
nourriture, et une partie est mise en réserve avec intérêts jusqu'au jour où ils deviendront libres. Ils dorment dans des cellules comme leurs voisins, mais
aucune cloche n'interrompt leur sommeil la nuit pour
les appeler à venir prier en commun dans une froide
église. Ils échangent des lettres avec leurs familles; ils
peuvent quelquefois revoir ceux qui leur sont chers,

contempler leurs traits photographiés. Le Trappiste ne sait plus si les siens sont morts ou vivants. Moines et condamnés combattent ensemble contre la nature, tra-vaillent la même terre, courent les mêmes dangers et y succombent. Ainsi ces deux sociétés de condamnés, les uns par la loi, les autres par leur volonté propre, et de pénitents, les uns qui expient leurs fautes contre la loi civile, les autres qui dans leur ferveur religieuse sacri-fient la vie présente pour aspirer à une meilleure vie future, font entre elles un contraste qui se résout en une harmonie; il ne faut donc pas s'étonner si les condamnés aiment le travail de la colonie et y cultivent la terre comme si elle était à eux. » Mais cette influence de l'exemple ne paraît pas suffisante à l'auteur de la notice. Il voudrait encore que les Pères fussent auto-risés à instruire et à évangéliser les condamnés, par exemple, dans une école dominicale. Ce n'est pas que M. Nocito puisse être considéré comme clérical. Il fait des Trappistes les enfants de saint Bruno ! Parlant d'un ancien ingénieur, d'un ancien officier de cavalerie qui sont au nombre des moines des Trois-Fontaines, il se demande quels orages dans leurs vies ont bien pu les pousser là, accordant cependant que lutter contre la malaria au bénéfice du prochain vaut encore mieux que de se brûler la cervelle ou de se jeter à l'eau ! On ne peut non plus le taxer de partialité en faveur des religieux; il paye, comme il convient, un juste tribut d'éloges au directeur civil du bagne, le chevalier Mars, ingénieur, qui rivalise d'intelligence et de dévouement avec le Père Franchino, abbé des Trois-Fontaines, et il réclame avec raison des avantages particuliers pour les gardes surveillants associés aux dangers et aux travaux de la colonie sans l'avoir mérité comme les condamnés, ou sans l'avoir voulu comme les religieux. Son témoignage en faveur de cette œuvre de civilisation n'est donc pas suspect de préjugés et présente tous les caractères de la sincérité. Il n'en a que plus de portée, et il faut louer M. Nocito d'avoir dit si vivement et si bien ce qu'il a su voir, comme il faut louer le gouvernement italien d'avoir, en cette circonstance, su prendre le bien où il se trouvait, sans se laisser détourner par l'obsession du fanatisme antireligieux.

V

UNE FAMILLE DE FINANCE

AU XVIIIe SIÈCLE [1]

(Extrait du Correspondant du 25 mars 1881.)

C'est avec grande raison que, dans son introduction, l'éminent auteur du *Secret du roi* engage les descendants des familles, dont le nom se rattache aux souvenirs de l'ancienne France, à entreprendre des voyages de découvertes dans leur archives, voire dans leurs greniers où, sous une poussière séculaire, dorment peut-être de vrais trésors historiques. C'est bien dans un grenier, « le mauvais grenier d'un pavillon inhabité, attenant au jardin de sa maison de Crépy », qu'à la mort de sa grand'mère, en 1859, M. Adrien Delahante a retrouvé les archives de sa famille sous la forme, non d'un monceau, mais d'une montagne de vieux papiers entassés au milieu de la pièce et, depuis vingt ans, exposés à la gelée, à la pluie, aux chats, aux rats et à l'épicier « autorisé, moyennant une rétribution convenue en faveur de la maison des sœurs, à puiser là la matière première de ses cornets ».

Il s'empressa de sauver alors ce qui avait échappé aux ravages du temps, des animaux et des hommes, et bien

---

1. *Une Famille de finance au XVIIIe siècle,* par M. Adrien Delahante. J. Hetzel et Ce. 1880. 2 vol. in-8°.

il fit; car, l'heure de la retraite une fois sonnée, en ne cherchant peut-être dans l'étude attentive de ces vieux papiers qu'un pieux emploi de ses loisirs, il en a tiré la très intéressante histoire d'une famille de finance au dix-huitième siècle.

Comme le titre l'indique, il ne s'agit pas, dans cette série de biographies reconstituées au moyen de documents inédits, actes de familles, nominations, livres de comptes, lettres, mémoires, etc., d'hommes d'État ou de capitaines ayant mis la main aux événements qui décident du sort des peuples, ni même de courtisans ayant su les secrets ressorts de ces événements, ni d'artistes ou d'hommes de lettres dont les œuvres font souhaiter de connaître la personne. M. Delahante raconte simplement les vies laborieuses et paisibles, sauf la dernière qui traversa la Terreur, de bourgeois probes, actifs, avisés, qui, par leur intelligence et les services rendus dans une sphère modeste, ont fait honnêtement leur chemin sous l'ancien régime, et même conquis leur place dans cette noblesse si enviée, peu avant l'heure où elle ne serait plus qu'un titre de proscription.

Les cinq notices que renferme l'ouvrage font connaître au lecteur : l'abbé Pierre Delahante (1664-1723), chanoine de Soissons; son frère Adrien Delahante (1673-1737), directeur des fermes de l'apanage du duc d'Orléans; les deux fils de celui-ci : Adrien (1714-1748), maître des eaux et forêts du duché de Valois;

Jacques (1717-1792), fermier général du roi; et, enfin, le fils du maître des eaux et forêts : Étienne-Marie Delahante (1743-1829), fermier général adjoint, grand-père de l'auteur.

On peut laisser l'abbé à son canonicat; mais les vies de son frère, des fils et petits-fils de celui-ci méritent une brève analyse, ne fût-ce que pour montrer combien, sous l'ancien régime, les voies étaient, plus qu'on ne le croit, ouvertes aux hommes de mérite.

Le premier Adrien Delahante, fils d'un pauvre chirurgien de Damery, dans le diocèse de Soissons, « parti en campagne », en 1694 avec 220 livres prêtées par son frère l'abbé, achetait, en 1700, l'office de notaire royal au bailliage de Crépy, moyennant 165 livres; le prix était modeste, l'emploi aussi, mais, avec lui, son possesseur ne devait pas tarder à cumuler, tant était grande la confiance qu'inspirait son honorabilité et ses talents de praticien, les charges de receveur des insinuations, de procureur au présidial de Crépy, un nombre vraiment extraordinaire de prévôtés, de bailliages, et par-dessus tout, la direction des fermes de l'apanage du duc d'Orléans.

La nomenclature détaillée de ses charges, curieuse au point de vue historique, donne une haute idée de l'activité qu'a dû déployer cet infatigable travailleur, afin de remplir des fonctions si nombreuses, et dont les divers sièges s'échelonnaient sur tous les points du duché de Valois. Aussi, quand il mourut, laissait-il à ses fils, avec un bon renom, une certaine aisance et une excellente éducation à laquelle, d'après le livre-journal, le ménage consacrait annuellement 4000 livres, somme égale à celle qu'il dépensait pour lui-même.

L'aîné commença par lui succéder dans quelques-unes de ses charges, puis devint gruyer du Valois, fonction qui réunissait l'inspection des forêts à la juri-diction de première instance en matière forestière; les qualités qu'il y montra décidèrent le conseil chargé d'administrer les biens du duc d'Orléans à lui offrir, aux conditions les plus honorables pour lui et les plus libérales de la part du prince, l'importante maîtrise des eaux et forêts du duché de Valois, autrefois occupée par Racine le fils. Cette charge semblait devoir conduire Adrien Delahante à l'intendance de la maison d'Orléans, quand la mort vint l'enlever à l'âge de trente-trois ans. Son frère, Jacques, entré dans les bureaux de la ferme générale, par la protection d'un ami, franchit rapide-menr, grâce aux services qu'il rendait, tous les degrés hiérarchiques de cette administration compliquée, jusqu'au poste de directeur général des gabelles, où l'on vint le chercher pour en faire un fermier général. Dans cette situation, justifiant les flatteuses appréciations qui l'avaient fait choisir, il fut grandement « utile à la chose » par lui-même et par son neveu, orphelin dont il fut le second père, qu'il fit entrer à son tour dans les bureaux de la ferme, qu'il adopta quand la mort l'eut privé du dernier fils qui lui restât et qui devint fermier général adjoint.

Ce neveu, Étienne-Marie Delahante, a laissé deux volumes manuscrits de mémoires, écrits pour lui seul avec une très grande simplicité de style, une abondance un peu minutieuse de détails et une sincérité absolue, qui ont grandement servi à son petit-fils pour raconter l'histoire de sa famille; il en abrège beaucoup la première partie, mais en reproduit, à juste titre, toute la portion consacrée à la Terreur, vrai martyrologe, d'autant plus émouvant que la forme en est plus simple, et complété par de très intéressantes lettres de la même époque, entre lesquelles il faut citer, non seulement à titre de « relique de famille », mais comme un modèle de foi et de courage chrétien, admirable et touchant pour tous, la lettre que M. de Parseval-Frileuse, frère de Mme Delahante, écrivit à sa femme et à ses enfants trois jours avant l'échafaud.

Il ne faut pas croire que l'intérêt du livre ne commence qu'à cette époque néfaste, sur laquelle nous reviendrons tout à l'heure. Il est, au contraire, singulièrement attachant le récit de ces vies tout unies, si laborieuses et si étroitement liées à leurs emplois, qu'elles semblent n'avoir eu d'autre horizon que leurs bureaux. C'est là qu'on rentre aussitôt après les grands deuils et aussitôt après les joies. Jacques Delahante s'y renferme au lendemain de l'enterrement de son dernier fils; et, après son mariage, Étienne-Marie Delahante se donne congé jusqu'au surlendemain seulement. Aussi, M. Adrien Delahante, après avoir un peu indiscrètement recherché quel tribut son grand-père avait bien pu payer à la galanterie du dix-huitième siècle, conclut-il ses investigations, en disant : « Somme toute, c'était un très bon sujet, préférant son bureau à tous les boudoirs du monde, et dont les élans amoureux avaient toujours dû être tempérés par des arrière-pensées de petite ou de grande gabelle. »

Le secret de cet intérêt, à défaut d'événements extraordinaires et de grandes vicissitudes, réside à la fois dans la sincérité et dans l'art du narrateur, je dirais presque du conteur, car le livre amuse souvent, comme un conte du bon vieux temps. Le récit, d'une part, est absolument vrai ; il est, d'autre part, du ton le plus piquant. Il ne marche qu'appuyé sur pièces absolument authentiques et il les met en œuvre de la façon la plus vive et la plus variée. Il vous fait vivre en plein dix-huitième siècle, ce qui est déjà un régal à notre époque friande d'explorations rétrospectives ; mais, en outre, il vous fait voir le dix-huitième siècle par son côté le meilleur et le moins connu, le côté sérieux et rangé, faisant en cela contraste avec les mémoires galants du même temps, comme les tranquilles intérieurs de Chardin avec les voluptueuses peintures de Boucher.

Citons, parmi les épisodes curieux, les agréables tableaux de mœurs, les détails caractéristiques qui abondent dans la partie purement biographique, l'installation de M. Adrien Delahante comme prévôt royal de Béthisy-Verberie et le discours mémorable qu'il adresse, en cette circonstance, à la dame de la Billarderie, propriétaire de cette justice, et à l'assemblée des justiciables ; la description de sa maison de Crépy et l'inventaire de sa garde-robe et de son mobilier ; la nomination de Jacques Delahante, comme fermier général et les détails de son emménagement ; les débuts d'Étienne-Marie Delahante dans la carrière administrative à Coutances ; son mariage, enfin, à quarante-sept ans, avec Mlle de Parseval, âgée de seize ans, union qui, pour avoir été imposée au célibataire récalcitrant par l'affection prévoyante et despotique de Mme de Saint-Waast, n'en fut pas moins des plus heureuses.

C'était seulement pour ses parents et ses amis que M. Delahante pensait écrire, et sa première édition n'a été tirée qu'à un nombre d'exemplaires limité en conséquence. Mais, indépendamment des documents privés, les papiers de Crépy comprenaient une multitude de manuscrits ou d'imprimés provenant de l'ancienne ferme générale, dont Jacques et Étienne-Marie Delahante avaient été longtemps des membres très actifs et très influents. Ce dernier, de plus, ayant eu la rare fortune de survivre au massacre, en forme juridique, de presque tous ses collègues, s'était trouvé, en quelque sorte, l'exécuteur testamentaire et le dernier témoin de la ferme.

Il en est résulté que tout en voulant n'élever qu'un monument domestique réservé à l'intimité, l'auteur d'*Une famille de finance* a été amené à expliquer l'organisation de la ferme générale, son fonctionnement, les impôts qu'elle percevait; à dire, enfin, ce qu'elle était, comment elle a fini, et à écrire ainsi une page de notre histoire administrative et financière d'un intérêt général, et d'autant plus grand que cette histoire est trop peu connue. Les grands historiens, en effet, ne s'y arrêtent guère, et le public ne s'arrête guère non plus aux ouvrages spéciaux, quoique le sujet soit d'une très sérieuse importance et puisse, comme le prouve M. Delahante, être présenté d'une façon très intéressante. En somme, pour la majeure partie du public, les fermiers généraux du dix-huitième siècle ont hérité du mauvais renom des premiers traitants et restent sous le coup des plaisanteries de l'ancien théâtre et de l'impopularité que leur avaient value, indépendamment des fastueuses excentricités d'un petit nombre d'entre eux, la très mauvaise assiette des impôts qu'ils avaient à percevoir et la férocité de la répression en matière de fraude.

Mollien, cependant, dans les *Mémoires d'un ministre du Trésor public,* a rendu aux fermiers de 1780, qu'il avait eus sous sa surveillance et sa direction, comme premier commis de l'intendant des fermes, ce témoignage « qu'ils ne ressemblaient plus à ces anciens financiers chargés de recouvrer tous les revenus de l'État, à condition d'en rendre quelque chose »...; qu'ils avaient poussé au suprême degré l'exactitude dans les comptes qu'ils se faisaient rendre et qu'ils rendaient eux-mêmes...; que plusieurs auraient été disposés à mieux servir l'État, même avec moins de profit, s'il y avait eu des ministres plus habiles ».

M. Delahante paraît donc, quoique plaidant *pro domo sua*, rester strictement dans le vrai, lorsqu'il écrit . « Règle générale, la ferme était une réunion de très honnêtes gens, de respectables pères de famille, d'administrateurs plus ou moins capables, plus ou moins laborieux, mais tous véritables fonctionnaires publics, généralement étrangers aux combinaisons commerciales et qui se contentaient d'avoir une excellente place, grâce à laquelle ils étaient certains de faire fortune, *à condition de la conserver assez longtemps pour y réaliser par l'économie d'importantes épargnes.* »

Les bénéfices, en effet, avaient été s'atténuant de plus en plus à chaque renouvellement de bail, et les baux se renouvelaient tous les six ans, non seulement parce que, sous la pression des nécessités financières, les conditions du bail étaient rendues de plus en plus strictes, mais parce qu'à côté du bail, il était demandé aux fermiers généraux dont la nomination individuelle était soumise à l'agrément du roi des sacrifices personnels de plus en plus grands, sous la forme de *pensions* ou de *croupes*. « Les pensions consistaient en des sommes fixes et annuelles assignées par le roi sur les places de

9

certains fermiers généraux au profit de certaines personnes. Les croupes étaient des parts d'association, des
parts de commandite dans les places de certains fermiers : parts très naturelles et très légitimes lorsqu'elles
étaient librement consenties par eux, très onéreuses
lorsqu'elles étaient imposées par le roi », d'autant plus
que, la plupart du temps, cette catégorie de croupiers
était simplement débitée de sa mise de fonds dont elle
n'opérait jamais le versement, le fermier général n'en
restant pas moins obligé à fournir sa part entière dans
l'énorme fonds nécessaire aux avances à faire à l'État.

On a évalué le montant des croupes et pensions au
tiers environ du revenu net de la ferme ; et parmi les
croupiers, Sa Majesté Louis XV figurait dans deux
charges pour un quart, dans une autre charge pour
moitié, s'étant ainsi accordé à elle-même une place entière de fermier général, soit qu'elle eût trouvé le moyen
bon pour augmenter sa liste civile, soit que, comme le
recommandait Forbonnais, elle voulût par ce procédé
se rendre un compte exact des profits de la ferme.

Toutefois, si la haine populaire s'adressait mal, en
s'en prenant aux chefs de la ferme qui s'acquittaient avec
exactitude et modération de leur service de perception,
elle n'était pas non plus sans fondement. Une partie au
moins des impôts, dont le recouvrement était confié à
la ferme, deux notamment, celui des traites qui se com-
posaient de droits divers sur la circulation des mar-
chandises, par les entraves absurdes et surannées qu'il

mettait au développement du commerce et à l'industrie, et celui des gabelles ou du sel, à force d'être mal assis et mal réparti, partant vexatoire et onéreux, expliquaient bien des haines, et provoquaient bien des fraudes réprimées par la loi avec une impitoyable sévérité. Mais la ferme générale n'était que bien peu responsable des conditions détestables dans lesquelles étaient établis les impôts d'alors; plusieurs même des fermiers auraient voulu des améliorations et en signalaient la nécessité, fût-ce au détriment de leur intérêt, comme le dit Mollien. C'est ainsi que le contrôle général n'aurait pu trouver pour les réformes, qu'il était si urgent d'apporter aux finances de la France, un auxiliaire plus zélé, un guide plus sûr que Lavoisier, bien moins connu, mais aussi digne de l'être, comme administrateur que comme savant. Nul n'a signalé les inconvénients du mauvais régime de contributions auquel la France était soumise, avec autant de compétence et plus d'énergie que ne l'a fait cet illustre fermier général, dans le mémoire qu'il adressa au ministère, au nom du comité d'agriculture, mémoire qui fut, comme le testament du comité, supprimé bientôt après et qui, de carton en carton, est venu reposer aux Archives nationales. Malheureusement, il eût fallu, à cette époque, pour porter remède aux vices de notre organisation financière, pour prévenir la révolution par les réformes et briser les résistances suscitées par celles-ci, un Richelieu financier, qui ne s'est pas rencontré, ou si la France l'avait, comme on croit, trouvé dans Turgot, Louis XVI, aussi faible que bien intentionné, ne sut pas, comme son noble ancêtre, rester fidèle envers et contre tous au ministre réformateur qu'il avait choisi. Tout, du reste, était difficile alors; les rouages de l'ancienne monarchie, usés, faussés, ne fonctionnaient plus guère que comme entraves, et on peut juger des obstacles qui arrêtaient les grandes réformes par l'histoire spirituellement racontée par M. Delahante, de la lutte épique soutenue par son grand-oncle contre ses collègues, contre l'administration et enfin contre les parlements, pour faire adopter la mesure, qui paraît si naturelle aujourd'hui, de râper le tabac dans les manufactures, au lieu de le livrer en carottes aux débitants, ce qui permettait à ceux-ci de profiter du râpage pour vendre du tabac de contrebande et toute espèce d'ingrédients.

Le parlement de Bretagne, notamment, ne cessa de lutter pour la carotte contre le râpé, avec une ténacité aussi bretonne que parlementaire, jusqu'au jour où la révolution balaya à la fois les parlements, la ferme générale et la carotte par-dessus le marché.

La dissolution de la ferme fut prononcée à la fin de 1790, et la liquidation confiée à une commission de cinq fermiers généraux et de trois adjoints, parmi lesquels figuraient MM. Delahante, oncle et neveu. Elle fut retardée par ce fait que la ferme, étant la seule administration organisée pour la perception des impôts

affermés, dut provisoirement continuer cette perception ainsi que la vente du sel pour le compte du gouvernement. Ce retard, quand le mouvement révolutionnaire s'accentua, fut un prétexte tout trouvé pour
donner carrière aux haines qui couvaient contre la
ferme et à la cupidité excitée tant par la richesse réelle
ou exagérée des fermiers, que par le bruit d'un prétendu trésor de la ferme.

Vainement les liquidateurs réussirent-ils à se justifier auprès du ministre des finances, Clavière ! De quel
poids pouvait être la conviction personnelle de ce per-
sonnage gardé lui-même dans son cabinet par deux
hommes armés chacun d'un sabre nu, qui ne désempa-
raient pas d'auprès de lui ? Un jour, après divers incidents déjà menaçants, Dupin, député médiocre et peu
connu, qui avait traversé les bureaux de la ferme en
qualité de contrôleur général surnuméraire, monte à la
tribune de la Convention et, certain, dit-il, qu'il s'est
commis beaucoup d'abus dans la ferme générale, fait
décréter, sans discussion, que les comptes à rendre par
les ci-devant fermiers seront soumis à la revision de
cinq commissions qui procéderont sous la surveillance
de deux membres de la Convention. Dupin fut naturellement l'un de ces membres ; les reviseurs furent cinq
anciens employés de la ferme, l'un convaincu d'un vol
de 5oo,ooo francs, ayant dû sa liberté au bris des prisons ; les autres, besoigneux ou mécontents. Ne sem-
ble-t-il pas que ce député qui dénonce ses anciens chefs,

et les acolytes qu'il se donne ont engendré postérité et que si nous rentrions un peu plus avant dans la voie révolutionnaire, nous verrions bientôt cette postérité suivre les errements de ses pères ?

Cette mesure n'était qu'un prélude. Un nouveau décret ordonna bientôt l'arrestation des fermiers généraux.

M. Jacques Delahante avait eu le bonheur de mourir paisiblement à la fin de l'année précédente, mais Etienne-Marie Delahante, déjà incarcéré une première fois sur une dénonciation de quartier, fut conduit avec ses collègues, d'abord à la Force, puis à l'hôtel des Fermes transformé en prison, où du moins, ils trouvaient tous les documents nécessaires pour travailler à leur reddition de comptes.

Mollien, rapproché d'eux en captivité comme dans la vie administrative, écrit « qu'ils s'y occupaient avec une sorte de confiance ingénue, dont les honnêtes gens ne se corrigent jamais, à opposer des calculs exacts aux absurdes imputations de leurs adversaires ».

Le journal de M. Delahante donne le détail de leurs travaux et de leur manière de vivre. Ils ne rendirent que trop tôt leurs comptes ! Lavoisier n'eut pas plus tôt terminé un dernier mémoire justificatif « d'une force et d'une clarté merveilleuses », que, sur un nouveau décret, les fermiers généraux furent transférés à la Conciergerie pour être traduits devant le tribunal révolutionnaire. Tout semble avoir été dit sur les agissesements de l'odieuse juridiction, et cependant le procès des fermiers généraux renferme quelques traits caractéristiques qui paraissent inédits et méritent d'être signalés.

Ce fut le soir, *après l'extinction des feux*, que les accusés reçurent l'acte d'accusation. Le lendemain matin, après *un quart d'heure d'entretien* avec quatre individus qui leur dirent que le tribunal les avait préposés pour les défendre, ils furent conduits à l'audience.

L'accusateur posa une première question absolument inintelligible ; puis, soufflé par un reviseur, il demanda « pourquoi, lorsqu'il était question de passer un nouveau bail, les fermiers généraux ne remettaient au ministre que de faux états des produits de celui qui allait finir, ce qui le réduisait à l'impossibilité de fixer le prix du nouveau bail, tel qu'il aurait dû l'être ». M. de Saint-Amand répondit que ce n'était pas sur des états remis par les fermiers généraux que le prix des baux se réglait, mais sur des tableaux que le ministre faisait dresser dans ses propres bureaux d'après les comptes des receveurs généraux et particuliers de chaque partie ; les fermiers généraux ne faisant dresser des états de leur côté que pour eux-mêmes pour se rendre compte des prix qu'ils pouvaient accepter.

La réponse était trop concluante ; le président Coffinhal déclara qu'il fallait répondre par oui ou par non aux questions de l'accusateur public, comme s'il eût été possible de répondre ainsi à une telle question. Alors intervint la lecture inattendue d'un décret de la Convention, dû à l'influence et aux habiles démarches de Dobsen, membre du tribunal, parent et obligé de la famille Delahante, décret qui mettait les adjoints hors des débats : « Attendu qu'ils n'avaient personnellement retiré aucun avantage des abus qui s'étaient introduits dans la ferme générale. » C'était le salut pour M. Delahante et deux autres, simples adjoints comme lui. On les fit sortir et ils n'assistèrent pas à la suite des débats, mais on peut juger de ce qu'elle dut être par le début du procès et par son issue. Ceux qui étaient sauvés ne revirent pas leurs collègues jugés et immolés le même jour. Chose monstrueuse au point de vue juridique, mais de peu d'importance au fond, Coffinhal ne se donna même pas la peine de faire rendre, ou du moins de faire signer la déclaration du jury ! Il répondit à Lavoisier, qui demandait le temps d'achever une expérience intéressante pour l'humanité, que « la république n'avait pas besoin de savants ». Tous donc moururent ; tous montèrent sur l'échafaud avec un grand courage et de véritables sentiments de foi chrétienne. Quant aux accusations portées contre eux, les Mémoires de Lavoisier en font une éclatante justice ; et la Cour des comptes, après un travail de dix ans, par un arrêt du 1ᵉʳ mai 1806, donna quitus aux fermiers généraux, les déclarant créanciers de l'État pour une somme de 8 millions. Ils avaient été mis à mort comme débiteurs de 107 millions !

Dans cette journée du 19 floréal, l'échafaud avait enlevé, à Mme Delahante, MM. de Parseval, ses frères, et M. de Vernan, son beau-frère ; MM. de Laperrière et Duvaucel, pères de Mmes de Parseval, avaient également péri. M. Delahante, seul homme survivant de cette malheureuse famille, restait donc seul pour soutenir et conseiller du fond de sa prison, non seulement sa propre femme, mais encore toute une tribu de veuves et d'orphelins réduits par la confiscation à un état voisin de la misère, et en butte aux vexations stupides des municipalités. C'est ainsi que, plusieurs fois par semaine, Mme Delahante, avec son petit garçon âgé de cinq ans, futur receveur général du Rhône, devait, sur la réquisition de la municipalité de Crépy, aller à une lieue de la ville cueillir des genêts et des bruyères pour la fabrication de la poudre, puis en rapporter sur son dos une charge réglementaire.

La liberté ne vint pour les adjoints à la ferme générale que le 10 fructidor, après la chute de Robespierre. Le journal de M. Delahante et ses lettres à sa femme, pendant cette seconde partie de sa captivité, sont d'un intérêt qui, plus intime, n'en égale pas moins celui de la période précédente ; mais il faut se borner et nous nous arrêterons ici, heureux si nous avons réussi à donner au lecteur une faible idée de l'attention que mérite cette intéressante et originale publication, relevée par les photogravures très bien venues de plusieurs beaux portraits de famille.

VI

LA LISTE CIVILE EN FRANCE
1791-1870 [1].

(Extrait du *Français* des 22 et 23 octobre 1882.)

Pour un grand nombre de citoyens, la liste civile n'a jamais servi qu'à satisfaire les appétits et les passions du monarque qu'ils transforment ainsi en une sorte de Gargantua doué d'une gigantesque puissance de consommation. Pour un grand nombre, de ceux même auxquels leur instruction ne permet pas de s'arrêter à ces fables grossières, le mot n'éveille que des idées confuses et contradictoires de dépenses folles et d'économies sordides également faites aux dépens des contribuables.

Il était donc bon qu'un livre bien fait donnât l'histoire de la liste civile en France depuis l'origine de cette institution, fît connaître son fonctionnement à peu près ignoré du public, établît enfin par des documents authentiques et des chiffres indiscutables, comment ont été, en général, administrées et employées les sommes que, sous cette rubrique, la France a mises à la disposition de ses souverains. M. Alphonse Gau-

---

1. *Étude sur la Liste civile en France*, par M. Alphonse Gautier, ancien conseiller d'État et secrétaire général du ministère de la maison de l'empereur. Paris, E. Plon et Ce, 1 vol. in-8°.

tier vient d'écrire ce livre. Il l'a écrit avec compétence et impartialité, en historien éloquent et en politique aux vues élevées. Il avait entrepris ces études pour l'instruction et sur la demande du prince impérial et voulait, après la mort chevaleresque de celui-ci, les laisser dans l'oubli. Il faut savoir gré aux amis éclairés qui l'ont décidé à aller jusqu'au bout et à publier cette monographie si claire et si complète dans sa brièveté, qui est à la fois un acte de bonne justice et une page d'histoire du plus grand intérêt.

Si l'histoire de la liste civile en France est peu connue ou bien oubliée, ce n'est pas qu'elle remonte très haut, car c'est seulement au début de la Révolution française que cette institution prend place dans nos lois. Sous l'ancien régime, en effet, le roi et la France étant censés ne faire qu'un, il n'y avait pas affectation spéciale d'un revenu déterminé et limité aux dépenses concernant la personne du roi et la splendeur du trône. Cette situation a été définie par Frédéric II en termes excellents. « Louis XV et moi, Monsieur, disait-il à M. de Launay, régisseur général de ses finances, nous sommes nés plus pauvres qu'aucun de nos sujets; car parmi nos sujets il y en a peu qui n'aient quelque patrimoine, et, du moins, est-il vrai que ceux qui n'en ont pas peuvent en acquérir; au lieu que Louis XV et moi, Monsieur, nous n'avons rien et nous ne pouvons rien acquérir qui ne soit à l'État. Nous ne sommes, Monsieur, que les administrateurs de la fortune publique, voilà notre seul rôle. Si, en cette qualité, nous pouvons prendre ce que notre dépense exige, ce n'est encore qu'autant que la raison de l'État nous y autorise, et, si nous allons au delà, nous devenons infidèles et coupables. »

Louis XV, malheureusement, ne régla pas sa conduite sur cette noble conception des devoirs de la royauté. Les vertus de son successeur, au contraire, s'élevaient naturellement à cette hauteur, mais une situation plus forte que sa volonté ne lui permit pas de réaliser ses intentions généreuses. Avec la Révolution, le territoire et la fortune de la France cessèrent d'être tenus pour propriété royale et il y eut lieu de mettre la situation du monarque et des princes en harmonie avec le nouvel ordre de choses.

C'est dans la séance de l'Assemblée nationale du 7 octobre 1789, qu'est introduit et discuté un décret où apparaît, pour la première fois, l'expression de « liste civile » empruntée à l'Angleterre. Le principe une fois posé, la question passa par des vicissitudes dont il faut lire, dans l'ouvrage de M. Gautier, l'attachant récit. Elle fut enfin réglée par les décrets des 26 mai-1er juin 1791 (voir la Constitution du 3 septembre 1791).

Une liste civile est accordée au roi au commencement et pour la durée du règne. Elle est fixée, pour le règne de Louis XVI, à 25 millions de livres par an, payables par douzièmes et par mois. La nation n'est pas engagée par une dette que le roi aura contractée. Le roi a pour habitation le Louvre et les Tuileries, et la jouissance de certaines maisons et dépendances domaniales et forestières (Versailles, Marly, etc.).

On maintient de l'ancien régime ces dispositions, qui étaient logiques quand le roi et l'État ne faisaient qu'un et qui cessent de l'être quand la dualité s'établit, que le roi n'a pas de fortune privée, qu'en conséquence les biens particuliers qu'il possède à son avènement sont réunis irrévocablement au domaine de la nation ainsi que ceux qu'il acquiert à titre singulier pendant son règne et dont il n'a pas disposé.

Quant aux princes de la maison de France, leurs apanages réels sont supprimés et remplacés par des rentes apanagères et des indemnités; on leur laisse cependant une habitation : au comte de Provence le Luxembourg, au duc d'Orléans le Palais-Royal, etc.

Cette première liste civile n'eut pour ainsi dire pas d'existence et son histoire tient presque tout entière dans les décrets qui l'établissent, et dans ceux qui en règlent la liquidation. La Convention fit vendre ce qui n'avait pas été pillé ou détruit du mobilier existant alors dans les maisons royales; la vente se prolongea pendant une année. Les sommes auxquelles se sont vendus dernièrement quelques meubles achetés à cette vente, aux prix les plus bas, par le duc de Hamilton, permettent de se faire une idée des richesses dont la France a été dépouillée alors. Le Directoire, à son tour, fit rendre une loi prescrivant l'aliénation des immeubles, ou du moins de « toutes les maisons et parcs dépendant de la ci-devant liste civile ou provenant des ci-devant princes émigrés, à l'exception seulement des maisons principales de Versailles, Fontainebleau et Compiègne destinées à des établissements publics » (loi du 3 nivôse an IV).

Huit ans après, le sénatus-consulte du 28 floréal an XII (18 mai 1804), qui constituait l'empire, rétablissait la liste civile sur les mêmes bases qu'en 1791 ; mais, les prérogatives impériales s'étendant avec l'empire, c'est dans le sénatus-consulte du 30 janvier 1810 qu'il en faut chercher l'expression complète.

La liste civile de l'empereur est fixée, comme celle du roi, à 25 millions pour la durée du règne, mais la dotation en palais, maisons, terres, bois, domaines, etc., à qui, en 1791, on avait laissé un caractère vague et indéterminé, est devenue *dotation de la couronne* et affectée à perpétuité à la couronne. Sa composition est modifiée par suite des aliénations consommées pendant la Révolution, mais son importance est rétablie dans des proportions à peu près analogues. Au fur et à mesure des annexions, la dotation s'accrut en Piémont, en Toscane, à Rome, et en Hollande. A côté, est un *domaine extraordinaire*, exclusivement pris sur la conquête, dont l'empereur dispose seul pour subvenir aux dépenses des armées, pour récompenser les services rendus à l'État, élever des monuments, etc.

Le principe, enfin, d'un *domaine privé* régi par le droit civil, dont le souverain dispose comme bon lui semble, et qui n'est plus susceptible de dévolution à l'État, est consacré, comme le veut la logique, du moment où, contrairement aux idées de l'ancien régime, la personne privée du souverain n'est plus, suivant l'expression de Merlin, « éteinte et confondue dans la personne publique ».

L'empereur fit du domaine extraordinaire un usage magnifique qui, dispensant la liste civile de certaines obligations de la souveraineté, permit à celle-ci, administrée d'ailleurs avec un ordre parfait, de réaliser d'importantes économies, plus de 150 millions, que l'empereur n'hésita pas à jeter dans le creuset des batailles quand, les revers étant survenus, le Trésor public se trouva aux abois et le domaine extraordinaire épuisé. L'État ne lui en tint pas compte, et lorsque Napoléon tomba définitivement du trône « il ne restait à l'ancien maître du monde, dit M. Thiers, que les 4 millions secrètement déposés chez M. Laffitte, environ 350,000 francs en or et le collier de diamants que la reine Hortense l'avait forcé d'accepter ».

La liste civile de Louis XVIII fut réglée par la loi du 8 novembre 1814. Elle demeura fixée à un revenu annuel de 25 millions de francs, indépendamment de la dotation de la couronne dont les immeubles produisaient un revenu d'environ 4 millions, de la dotation

des princes et princesses et de certains revenus acces-
soires affectés en général à des charges déterminées.

A la seconde Restauration, « le roi, dit M. Gautier,
voulut, avec un désintéressement qui l'honore, prendre sa part dans les malheurs publics ». Il fit abandon
au Trésor, en trois exercices, de près de 20 millions.
Il fit aussi rentrer, dans la liste civile, les frais de sa
maison militaire, moyennant une subvention du ministère de la guerre, calculée, d'après la force effective
de ce corps d'élite, au taux de la dépense d'une troupe
ordinaire. De plus, un crédit extraordinaire de 30 millions, ouvert au roi pour acquitter les dettes contrac-
tées par lui à l'étranger pendant les périodes de la
Révolution et de l'Empire, se trouva insuffisant, et
l'excédent de ces dettes retomba sur la liste civile. Il
aurait fallu se restreindre sur d'autres points pour
parer à ces charges. Mais le roi de France ne pouvait
abandonner tant d'infortunes imméritées, causées par
la Révolution et qui n'avaient d'espoir qu'en lui. En
1819, par exemple, il faisait répartir entre les anciens
serviteurs de la maison royale que leur âge n'avait
pas permis de replacer, entre diverses personnes rui-
nées par les événements politiques, en continuation des
secours donnés par le gouvernement britannique aux
émigrés indigents, en pensions, dons et aumônes de
toute sorte, plus de 5 millions et demi. Le roi ne
traitait pas non plus les maisons royales en usufruitier
parcimonieux. Comme si cette richesse nationale lui

fût restée propre, il lui consacrait chaque année des sommes considérables d'où résulta au profit de l'Etat un bénéfice de plus de 10 millions. La campagne que le vicomte Sosthènes de la Rochefoucauld, avec une naïveté qui n'avait d'égale que la bonté de ses intentions pour monopoliser la presse, coûta cher aussi sans rien rapporter. Louis XVIII enfin, appréciateur éclairé des lettres et des arts, très lettré lui-même, ne pouvait oublier qu'il était dans les traditions de la maison de France d'encourager le mérite ; certaines libéralités honorent celui qui en est l'auteur autant que celui qui en est l'objet, et la liste civile de la Restauration peut montrer avec fierté dans la liste de ses pensionnaires des noms tels que ceux de Lamartine, Soumet, Guiraud, Ancelot, Casimir Delavigne, Victor Hugo enfin, qui ne pensait pas alors à traiter les rois de monstres, de bandits, de vampires, ni à les comparer à des poux sur une souquenille immonde. Tout cela était grand, était généreux, était royal ; mais tout cela, chaque année, faisait un total considérable, et on ne sera pas étonné d'apprendre que la « liste civile fut constamment gênée depuis 1818 jusqu'à la mort du roi ».

La loi du 13 janvier 1825 établit la liste civile du roi Charles X à peu près sur les mêmes bases que celle de son prédécesseur, retranchant cependant les deux millions que le prince recevait chaque année comme comte d'Artois. Mais le nouveau roi allait avoir à faire face aux mêmes charges que Louis XVIII, dont il entendait continuer les errements magnanimes, sans compter que lui-même possédait sa clientèle propre, qu'il avait le goût de la popularité et qu'il aimait à répandre autour de lui les grâces et les bienfaits. Cette situation, ces tendances et le défaut d'unité dans l'administration de la liste civile, défaut imputable aux prérogatives des grands officiers, rendirent vaines quelques réformes partielles qui furent faites au début du règne et aggravèrent la situation de plus en plus, jusqu'au jour où le roi transforma le ministère de sa maison en une intendance générale et confia la fonction d'intendant à M. le baron de la Bouillerie, avec la mission expresse de rétablir l'ordre. Le choix était excellent pour le but qu'on se proposait. M. de la Bouillerie, soutenu par le roi, se montra comptable minutieux, poursuivit le retour aux règles budgétaires oubliées un peu partout, reprit successivement les prérogatives de son autorité, obtint notamment que le département des Beaux-Arts devînt une simple direction subordonnée à l'intendance générale, fit face enfin au passif arriéré par des économies, de telle sorte que la liquidation de la liste civile, menée à fin après la révolution de Juillet par les soins du baron de Schonen, fit ressortir un excédent d'actif de plusieurs millions en faveur du roi détrôné. La loi du 15 avril 1834 ne permit pas que lui ni même les pensionnaires et les créanciers de la liste civile profitassent de ce résultat. Les biens du roi, en

effet, furent l'objet d'une confiscation déguisée sous le
nom de « réunion, par l'effet de la déchéance, au
domaine de l'État ». On laissa vendre à l'encan l'usufruit de ses biens propres, qu'il s'était réservé en
en donnant, avant de monter sur le trône, la nu-pro-
priété à son second fils, le duc de Berry, alors qu'il eût
été facile de désintéresser les créanciers étrangers qui
avaient saisi cet usufruit. Le monarque proscrit fut
ainsi dépouillé de tout ce qu'il possédait; les fonctionnaires et employés de la liste civile furent privés de la
plus grande partie de leurs retraites, bien que l'État se
fût emparé d'un fonds de quatre millions appartenant
à leur caisse de retraites; les pensions, à titre gracieux,
furent remplacées par des aumônes accordées, sur le vu
des certificats d'indigence, dans les limites d'un crédit
annuel de 400,000 francs. Les créanciers enfin, four-
nisseurs, artistes, manufacturiers, entrepreneurs, furent
renvoyés devant la juridiction administrative ; c'est
ainsi que Rossini, qui s'était engagé à fournir en
dix ans à la scène française cinq grands opéras, et qui
avait donné *Guillaume Tell* pour commencer, fut
privé de la pension annuelle de 6,000 francs qui lui
était acquise, et se trouva, hélas! libéré par contre de
l'obligation d'écrire pour l'Opéra quatre partitions, qui
eussent été sans doute les dignes sœurs de leur aînée.
Ce n'est donc pas sans raison que M. Gautier qualifie
cette liquidation « d'œuvre de vengeance et de haine »,
dont il est juste d'attribuer la responsabilité directe au

pouvoir législatif, mais que dut subir le pouvoir exé-
cutif. Celui-ci, du reste, eut lui-même sous ce rapport
peu à se louer des Chambres. Dures et iniques pour la
royauté tombée, elles furent insolentes et parcimo-
nieuses pour la royauté nouvelle. La dignité du monarque eut à souffrir de l'âpre et longue discussion
d'où sortit, en 1832, la loi sur la liste civile, et cette
loi abaissa la somme annuellement payée au roi par
le Trésor public à 12 millions, en lui ôtant, il est vrai,
des charges qui pouvaient s'élever à 6 ou 7 millions.

Le même esprit qui avait fait réduire le roi Louis-
Philippe à la portion congrue, relativement aux charges
qui incombent d'ordinaire à la royauté, devait plus
tard le faire accuser de cupidité et d'avarice, et susciter
contre ce prince des accusations mensongères qui ne
reposaient que sur de trompeuses apparences. « Ce qui
était vrai, dit M. Gautier, c'est que si Louis-Philippe
ne prodiguait pas les grâces, les pensions, comme ses
prédécesseurs, dont il n'avait pas les ressources, il
dépensait autant qu'eux pour les palais, domaines,
forêts, et tous les établissements de la couronne, qu'il
consacrait, en un mot, la plus forte partie de ses revenus à de grands travaux utiles, productifs pour le
pays, tels, par exemple, que la création du musée de
Versailles. » Les grandes charges de cour n'existaient
plus, mais la maison du roi était encore sur un pied
très honorable, et l'ensemble des services de cette
maison coûtait environ 5 millions de francs par an. La

liquidation faite après la révolution de Février est la meilleure réponse aux attaques imméritées dont Louis-Philippe avait été l'objet. Toutes les questions de propriété furent résolues par les pouvoirs publics avec une scrupuleuse équité, et il résulta de cette liquidation que la liste civile royale n'avait guère fait, en somme, que nouer les deux bouts, et que le roi avait « consacré aux arts, aux grands travaux, aux établissements utiles, une très grande part, trop grande peut-être, des sommes qui ressortaient de la liste civile et dont il avait la libre et entière disposition ». (Rapport du liquidateur général, p. 15).

Nous avons déjà loué l'impartialité de M. Gautier. Sa fidélité aux souvenirs du second Empire ne l'empêche point de se montrer juste pour les gouvernements qu'il n'a point servis, ni, par exemple, de faire ressortir ce qu'eut de violent et d'injuste la confiscation des biens d'Orléans en 1852, quels que fussent les prétextes dont on se servit pour donner à cette mesure une apparence de légalité. Il n'en a que plus d'autorité quand il en arrive à faire l'histoire de la liste civile de l'empereur Napoléon III. La constitution de 1852 avait remis au Sénat le soin de statuer seul sur la liste civile et la dotation de la couronne; ces questions furent réglées par le sénatus-consulte du 12 décembre 1852, qui rétablit le chiffre annuel de 25 millions, d'après la tradition monarchique antérieure à la révolution de Juillet. La dotation de la couronne, fixée pour la durée du règne seulement, fut un peu inférieure à ce qu'elle était sous Louis-Philippe, ayant en moins les grandes forêts de l'ancien apanage d'Orléans. Le principe de la dévolution fut maintenu. Le revenu total s'élevait à environ 3o millions, indépendamment de 1,5oo,ooo francs alloués aux princes de la famille impériale. Comment a-t-il été employé? L'opinion publique a singulièrement varié à ce sujet. Les uns, reconnaissant le peu de prix que Napoléon III attachait à l'argent, ont cru à un gaspillage effréné. D'autres, plus ou moins sincères, ont accusé l'empereur de thésauriser à l'étranger. M. Gautier, qui parle ici en témoin autant qu'en historien, dit : « En allant au fond des choses, en prenant la gestion de sa liste civile (de Napoléon III) depuis le début jusqu'à la fin, il n'y eut ni prodigalité excessive, ni économie, et si sa libéralité instinctive, son penchant à céder à toutes les sollicitations l'entraînèrent quelquefois un peu loin et créèrent des embarras momentanés, l'ordre a fini par prévaloir », il reconnaît toutefois, après être entré dans des détails intéressants sur les charges ordinaires de la liste civile. que « la balance entre les dépenses et les recettes a été parfois un problème difficile à résoudre ». Il fut cependant résolu après des efforts longtemps inutiles, et à la chute de l'empire il ne restait presque plus trace du découvert antérieur. La commission de liquidation obtint même un excédent d'un million environ, mais grâce à l'aliénation d'immeubles « et surtout de celle de ces objets mobiliers de toute nature qu'on ne vend que dans les cas extrêmes et en quelque sorte par autorité de justice ». Quant au domaine privé, l'énumération des biens qui lui restèrent est bien modeste relativement à un revenu moyen de 3o millions pendant dix-huit ans de règne, et jusqu'en août 1873, époque à laquelle la commission de liquidation fut autorisée à mettre à la disposition de l'impératrice une somme de 5oo,ooo francs « la famille impériale n'avait pu vivre qu'avec les revenus des biens de l'impératrice en Espagne, et principalement au moyen de la vente successive de ses bijoux et diamants ».

Ici s'arrête forcément l'histoire de la liste civile. Cette institution a-t-elle disparu pour un temps ou pour toujours? C'est le secret de l'avenir que M. Gautier ne cherche pas à pénétrer. Nous ne le chercherons pas plus que lui, mais on ne peut se défendre en terminant des réflexions suivantes : Il y a en ce pays un grand nombre de gens modérés, paisibles, qui, n'ayant pas la foi monarchique, ne croient pas pour cela que la république soit de droit divin. Ces gens aiment la France et la mettent au-dessus de tous les partis. Ils veulent qu'elle soit respectée au dehors, qu'elle ait l'ordre et la liberté au-dedans. Ces biens leur paraissent si précieux qu'ils les prendraient, comme dit Montesquieu, de la main même de Sylla. Comme ils sont laborieux, respectueux des lois, on peut gouverner sans eux et même contre eux. Comme ils sont nombreux, on ne le peut pas longtemps, surtout quand on les force à s'occuper malgré eux de politique en troublant leur conscience et en les alarmant à tous les points de vue. Dans leur indifférence pour la forme du gouvernement, ils ont pu comparer et peser les avantages et les inconvénients des différents régimes. Ils ont dû compter au nombre des avantages de la république l'économie de quelques millions que comporte toute liste civile. Mais cet avantage devient bien médiocre s'il est unique; que sera-ce s'il est annihilé par les folles dépenses que la république, j'entends par là le gouvernement par le parti républicain, ne cesse d'accumuler; que sera-ce s'il devient constant que ce régime ne donne sécurité ni au dedans, ni au dehors; qu'il viole tous les droits, que les sectes qui se disputent le pouvoir luttent d'impéritie et de violence, et finiront par livrer fatalement le pays à l'ennemi et à l'émeute. Ces gens en arrivent à penser, et ils en arriveront à dire, puis à convaincre peut-être le pays qu'une monarchie avec un roi tel que Louis XVIII ou Louis-Philippe vaut mieux et coûte moins cher, quel que soit le chiffre de la liste civile, qu'une république de ce genre avec un président qu'on paye peu, mais encore, selon certaines gens, trop pour ce qu'il fait.

VII

DE L'ÉDUCATION[1]

PAR Mˢʳ DUPANLOUP, ÉVÊQUE D'ORLÉANS

(Extrait du *Journal des Villes et des Campagnes*,
nᵒˢ des 17 et 30 mars 1862.)

Depuis plus de deux années, Mˢʳ l'évêque d'Orléans
a conquis de nouveaux titres à la reconnaissance des
catholiques, à l'estime et à l'admiration de tous. Dès la
première heure de la lutte il s'est placé au premier
rang parmi les défenseurs du Saint-Siège, et dans cette
guerre ardente, il a payé de sa personne et de ses écrits,
avec autant de générosité et de loyauté que d'éloquence.
Aux courts écrits, nés du moment, prompts et acérés
comme des coups d'épée, a succédé le beau livre *De la
Souveraineté pontificale*, véritable monument élevé
pour la défense du saint-siège, fruit de longues études
et de méditations laborieuses. Puis, dernièrement,
quand un autre intérêt catholique s'est trouvé en souf-
france, quand la société de Saint-Vincent-de-Paul a
été jugée, condamnée, dissoute, avant d'avoir été entendue, l'infatigable évêque a repris la plume, et nul n'a
plaidé d'une manière plus persuasive la cause de la société proscrite.

Mais ni ces travaux éclatants, ni le lourd fardeau d'un

1. 5ᵉ édition in-8º; 6ᵉ édition in-12. Paris, chez Douniol.

diocèse, ni la direction de tant de consciences, toutes ces charges, enfin, dont chacune absorberait une âme moins active, ne peuvent suffire à l'évêque d'Orléans. Il est encore toute une part de sa vie qui, aujourd'hui comme autrefois, est toute dévouée à l'éducation de la jeunesse. Peut-être, si c'est la plus modeste, n'est-ce pas la moins utile, et c'est assurément la plus douce au cœur de Mgr Dupanloup. Aussi ne se lasse-t-il pas de revoir et de compléter le livre *De l'Education*, qui est comme l'expression et le résumé de cette portion de sa vie. Il vient d'en publier une édition nouvelle, revue avec grand soin, et d'y ajouter un volume nouveau qui paraîtra incessamment. Un volume inédit de Mgr d'Orléans intéresse trop les lecteurs de ce journal, pour qu'il n'en soit pas rendu compte à cette place, aussitôt qu'il sera publié. Mais en attendant, il me sera permis, à l'occasion de cette dernière édition, de revenir sur les deux premiers volumes, dignes d'attention à tant de titres.

I

Un attrait singulier a toujours attiré Mgr d'Orléans vers l'enfance, vers la jeunesse. Elles ont été, dit-il quelque part, le premier amour de sa vie : elles en seront aussi le dernier. Il leur a longtemps consacré tous ses soins, soit comme catéchiste, soit comme supérieur du Petit-Séminaire. Il a pour elles soutenu de nombreux combats, quelques-uns contre les ennemis de l'Église, quelques-uns même contre des amis malavisés. Aujourd'hui que ses devoirs d'évêque ne lui permettent plus de se dévouer exclusivement aux enfants, il les regarde encore comme la portion la plus aimable de son troupeau ; il aime à s'en entourer, à s'en occuper. C'est ainsi qu'il a donné une nouvelle vie au petit séminaire de La Chapelle, et qu'enfin dans les heures dérobées aux devoirs, aux travaux de toute nature qui dévorent sa vie, il a écrit l'ouvrage dont nous nous occupons, fruit précieux des lumières, de l'expérience, et surtout de la vocation toute spéciale qui ont fait de lui un maître achevé dans l'art d'élever la jeunesse.

Pour M\ts{gr} d'Orléans, tout le secret, toute la théorie comme toute la pratique de l'éducation est dans ces mots : le respect et l'affection réciproque du maître pour l'élève, de l'élève pour le maître.

Le respect de l'élève pour le maître, tout le monde en sent facilement le besoin ; mais au premier abord, on comprend moins qu'un rapport de ce genre puisse exister du maître à l'élève ; cependant, ce n'est pas moins nécessaire, c'est la clef de voûte de l'édifice. Il faut, pour s'en convaincre, lire les chapitres nombreux et si bien remplis que M\ts{gr} d'Orléans a cru devoir consacrer à cette première loi de l'éducation.

« Il y a un moment, dit-il, qui m'a toujours paru d'une solennité extrême dans le cours des fonctions que j'ai remplies pendant vingt-trois années comme instituteur de la jeunesse, soit dans les catéchismes de l'Assomption, soit surtout au Petit-Séminaire de Paris. C'est le moment où un père ou une mère confiaient à mes soins leur fils, et après l'avoir remis entre mes mains, après l'avoir embrassé une dernière fois, se retiraient et me laissaient seul avec cet enfant.

« J'éprouvais toujours une émotion indéfinissable à la vue de cette jeune créature qui, sentant s'éloigner ceux à qui elle devait la vie, tournait vers moi avec inquiétude des yeux souvent baignés de pleurs, et semblait attendre de mon regard, de ma parole, le bonheur ou le malheur de cette vie nouvelle et la décision de sa destinée.

« Quelquefois cet enfant était riche et avait été jusque-là nourri dans l'opulence. Souvent aussi, il était pauvre et né dans les classes populaires. Mais, quel qu'il fût, toujours alors une tendresse profonde saisissait mon cœur. Je la lui témoignais involontairement, quelquefois avec quelque embarras. Mais, je l'avoue, le sentiment qui s'emparait de moi avec une puissance plus irrésistible encore était le sentiment d'un respect religieux. »

Et comment cette frêle créature, dépourvue encore de tout ce qui d'ordinaire inspire à l'homme le sentiment du respect, la puissance, le génie, ou ce caractère auguste imprimé par l'âge au front du vieillard, comment peut-elle produire cette impression singulière, si vivement retracée ?

C'est que l'enfant, aux yeux de l'instituteur digne de

ce nom, c'est déjà l'homme, c'est-à-dire la plus noble des créatures, l'image de Dieu, l'être qu'il s'est plu à enrichir des facultés les plus sublimes et qu'il appelle à la plus haute destinée. « C'est l'homme enfin avec tout son avenir renfermé dans ses premières années, c'est l'espérance de la famille et de la société, c'est le genre humain qui renaît, la patrie qui se perpétue, et comme le renouvellement de l'humanité dans sa fleur. »

Puis la mission à remplir est si difficile et si grande ! Il faut étudier dans cette âme enfantine les instincts mauvais qui dorment encore, qui s'éveillent peut-être, les combattre et les vaincre ; diriger, maîtriser ses jeunes passions, lui inspirer l'amour de l'honnête et du vrai, et si elle en est capable, l'enthousiasme du beau et du grand. Il faut faire connaître, faire aimer à cet enfant ses devoirs envers Dieu et les hommes, envers la patrie et la famille, développer, former toutes les facultés de son intelligence et toutes les forces de son corps, faire de lui enfin un homme, un chrétien ! Telle est la mission que M\ :gr\ d'Orléans trace à l'instituteur. Qui ne comprend dès lors que celui qui n'admet pas qu'on puisse négliger « sans trahison » une seule partie de ce programme et qui n'en négligeait aucune, confesse l'émotion respectueuse qu'il éprouvait devant l'enfant confié à ses soins? Qui s'étonnerait aussi de l'entendre parler « de ses cheveux blanchis avant le temps au service de l'enfance » ?

On croira volontiers encore qu'une pareille tâche ne peut s'accomplir sans un grand dévouement, sans un grand amour. L'ouvrage tout entier respire la plus vive tendresse pour l'enfance : il en est comme imprégné. Et pouvait-il en être autrement dans un ouvrage de l'évêque d'Orléans, lui qui, plus que personne, a suivi à la lettre le divin précepte : « Laissez venir à vous les petits enfants. » Non seulement, il en a fait l'objet de ses soins et de ses travaux, mais il leur demande aussi ses consolations et ses joies. Il fallait jadis le voir au milieu de son petit peuple... mais lui-même a retracé ses souvenirs.

« Pendant les bonnes et heureuses années de ma vie consacrées aux soins de l'éducation, j'aimais à voir les enfants qui m'étaient confiés, à tourner mes regards vers eux. C'était une de mes joies, aux heures de leur récréation, dans leurs cours et dans leurs jardins, de me mêler à leurs amusements, de les partager quelquefois. Ils peuvent s'en souvenir.

« Ou bien si la fatigue ne me permettait pas l'agitation un peu violente de leurs jeux, j'aimais à m'en rendre le spectateur silencieux et tranquille, et à me promener paisiblement au milieu d'eux parmi la plus grande effervescence de leurs divertissements. J'y trouvais une paix, une douceur inexprimables ; que de fois, obligé par mon ministère à me jeter pour quelques instants au milieu du monde et de ses affaires, et attristé par les scènes douloureuses de la vie, je rentrais au Petit-Séminaire avec une secrète et profonde satisfaction. Une demi-heure passée en récréation avec mes enfants dissipait tous les nuages ; j'oubliais auprès d'eux les embarras, les soucis épineux, les tristes mécomptes... Que j'aimais aussi à me rendre témoin de leurs travaux ! Combien de fois je quittai tout à coup mes occupations pour aller les surprendre à l'étude ! Oui, c'était un noble aspect que celui de tous ces enfants recueillis et silencieux ; ces deux cents jeunes intelligences attentives à étudier, appliquées à comprendre, ardentes à pénétrer et à admirer les chefs-d'œuvre des grandes littératures humaines ravissaient mes yeux et mon âme. »

Si Mgr Dupanloup aime si tendrement l'enfance, ce n'est pas qu'il ignore les défauts qu'elle a, ni les soucis qu'elle cause. Ce n'est pas non plus qu'il permette de la gâter.

Quant aux défauts des enfants, son expérience lui a permis de les connaître mieux que personne. Aussi ne dissimule-t-il rien à cet égard. Il montre en eux tous les défauts propres à leur âge, la mobilité, l'irréflexion, la mollesse, et en même temps toutes les mauvaises passions de l'homme à l'état de germe et ne demandant qu'à pousser de fortes racines. Seulement, il pense avec raison que c'est le seul moment où l'homme puisse encore tout sur lui-même pour le corriger ; « il a déjà bien des défauts, mais pas encore de vices ; tout est souple dans les enfants, tout est neuf ; il est facile de redresser ces tendres plantes. Rien n'est usé, rien n'est invétéré dans ces jeunes créatures ».

Quant à les gâter, Mgr Dupanloup n'est pas non plus suspect à cet endroit. Les parents trop faibles ou trop tendres feront bien de méditer le chapitre de l'enfant gâté, où il leur donne de sévères, on peut même dire de sinistres avertissements. Les enfants gâtés sont à ses yeux « quelque chose d'effroyable, effroyable dans le présent, effroyable dans l'avenir. » Il devine sous leurs apparences séduisantes « de vrais petits animaux sauvages ». Aussi ne les aime-t-il guère de quelque façon qu'ils soient gâtés, pas plus les « petits prodiges » ou « les enfants trop sages », enflés par l'adulation, que les « jolis enfants » efféminés et occupés de leur parure. Sur ce dernier chapitre il se déclare inexorable. Il semble en effet que tout en proscrivant énergiquement la négligence et la malpropreté, il éprouve plus d'aversion pour l'excès contraire. J'imagine même que des coudes percés par l'étude attentive des leçons, et un peu d'encre aux doigts (pourvu qu'elle ne soit pas trop invétérée), ne déparent pas à ses yeux la tenue d'un écolier.

Dans ces chapitres de l'enfant gâté, de l'éducation maternelle et autres, le rôle des parents dans l'éducation est déjà indiqué. Plus tard, au second volume, il sera étudié, approfondi d'une manière complète. Dans la première période appelée de l'Éducation maternelle, c'est la mère qui a la part principale, presque unique.

Jamais elle ne devra cesser d'exercer une heureuse influence sur l'éducation de ses enfants ; mais pendant ces premières années, cette influence sera plus grande encore. Il semble, tant qu'elles durent, que l'enfant n'a pas encore tout à fait quitté le sein qui l'a porté, et ce n'est que peu à peu qu'il s'en détache.

Après l'éducation maternelle vient l'éducation primaire, et dans un âge plus avancé, l'éducation dite secondaire.

Toute éducation, quelle qu'elle soit, aura ou devra avoir certains caractères et passer par certains périodes communs à toutes les éducations. Ainsi, elle franchira, à mesure que l'enfant avancera en âge, les trois degrés qui viennent d'être indiqués ; ainsi elle devra toujours comprendre les quatre moyens suivants : la religion, qui doit présider à tout, qui élève, éclaire, fortifie l'âme tout entière ; la discipline, qui forme la volonté et l'habitue à respecter le devoir ; l'éducation intellectuelle, qui forme l'intelligence ; et enfin les soins physiques, qui conservent la santé et développent les forces du corps. Enfin elle devra, si humble qu'elle soit, se diviser en éducation générale ou essentielle qui fait l'homme, et en éducation professionnelle qui fait l'artisan, le négociant, l'homme de robe ou d'épée. Ces caractères communs une fois expliqués, des distinctions sont établies, car l'éducation doit être proportionnée à la condition et à la vocation de celui qui la reçoit. A ce point de vue, elle se divise

en populaire, intermédiaire et supérieure. Mais cette
division, exacte en théorie, ne l'est guère en pratique,
et l'évêque d'Orléans signale avec raison cette lacune.
En France, l'éducation intermédiaire fait presque complètement défaut. Il n'existe pour ainsi dire point de
maisons d'éducation faites pour les jeunes gens de condition moyenne, qui n'ont pas l'intention de suivre les
carrières libérales. Le collège Chaptal et l'école Turgot,
fondés par la ville de Paris; la maison des frères à
Passy, sont, il est vrai, de précieuses ressources en ce
genre. Peut-être y en a-t-il d'autres, mais elles sont peu
connues, toujours à l'état d'exception ou à des degrés
infimes. D'où cela vient-il? de la routine, de l'esprit
d'égalité dont notre nation est profondément imbue?
de la difficulté de tracer le cadre de cette éducation intermédiaire ?

Peut-être de toutes ces causes réunies ; mais il n'en
est pas moins constant que des parents de médiocre
fortune qui font un sacrifice pour donner à leur fils
une autre éducation et d'autres compagnons que ceux
qu'il trouverait à l'école mutuelle, ne peuvent l'envoyer
qu'au collège où il recevra une éducation peu appropriée à la position qu'il doit occuper un jour. Alors,
de deux choses l'une, ou cet enfant est paresseux, ce
qui est le plus fréquent, et le grec et le latin seront de
peu d'attrait pour lui. Il se dira que de telles études ne
lui serviront guère dans l'avenir, et dès lors il ne tra-
vaillera que sous le coup des *pensums*, c'est-à-dire peu

et mal, et sous le coup des punitions. Dans cette disposition, il ne retirera même pas du collège le fruit
qu'il en aurait pu tirer au point de vue, non de sa profession, mais de son éducation générale ; il en sortira
non moins ignorant qu'il y était entré, ayant passé
dans la paresse et la ruse ces années si fécondes pour
l'avenir, quand elles sont bien employées. Ou bien cet
enfant aura de l'imagination, de l'ardeur, il mordra au
fruit de l'arbre de science, son imagination se dévelop-
pera par l'étude des lettres, son orgueil s'exaltera aux
premiers succès de collège, et dédaignant le comptoir
ou les champs paternels, il augmentera le nombre des
concurrents qui encombrent les carrières libérales. Ce
sera un nouveau bachelier que la société devra pourvoir, et si elle ne lui fait pas sa place au soleil, voilà un
déclassé, un mécontent de plus.

Ce n'est pas à dire que le bienfait de l'éducation littéraire doive être réservé à quelques privilégiés, ni interdit à qui que ce soit ; mais ce qui est mauvais, c'est
que, par la force des choses, il soit imposé uniformé-
ment à tout le monde, et que ceux mêmes qui n'en ont
ni besoin ni envie soient forcément engagés dans cette
voie. Le mal a été senti du reste, et depuis que l'évêque
d'Orléans le signalait (1850), on a cherché à y porter
remède ; mais pour cela, on s'est attaqué aux humanités, aux lettres qui n'étaient point coupables, et sans
lesquelles il n'y a point de haute éducation possible. On
a imaginé la bifurcation, mot barbare, institution plus

barbare encore. En effet, on ne créait point par là cette éducation intermédiaire qui nous manque toujours ; on se borne à abaisser le niveau d'éducation libérale, en substituant prématurément les mathématiques et l'instruction professionnelle aux lettres et à l'éducation générale. Le mal était d'autant plus grand qu'il frappait tous les jeunes gens qui se dirigent vers les écoles du gouvernement, et que beaucoup d'entre eux, devant par cette voie atteindre les plus hautes fonctions de l'État, ont aussi besoin que personne d'une bonne éducation littéraire.

Les inconvénients qui sont la conséquence fatale d'un pareil état de choses, Mᵍʳ Dupanloup les a énergiquement signalés, non en vue de la bifurcation qui n'était pas inventée au moment où il faisait paraître sa première édition, mais de la tendance déjà trop grande à négliger l'éducation proprement dite pour l'instruction spéciale qui ouvre la porte des écoles. Les lignes suivantes ont été écrites en 1850 : « L'histoire parle d'un tyran qui aurait voulu que le peuple romain n'eût qu'une seule tête afin de pouvoir l'abattre d'un coup.

« Si un tyran voulait abaisser, abattre, abrutir intellectuellement toute une nation d'un coup, il lui suffirait de faire un règlement par lequel cesserait avant la quinzième année toute la haute éducation intellectuelle, morale et religieuse de la jeunesse. En trente ans, cette œuvre de la tyrannie la plus abominable qui fut jamais, serait consommée. »

Espérons que ces paroles seront entendues, et que
l'avenir ne réalisera pas ce triste augure. Au reste,
une courte expérience a fait éclater les inconvénients
du nouveau système, et de graves modifications ont
été apportées au régime de la bifurcation. Dernièrement encore le nouveau programme de Saint-Cyr faisait une part plus grande aux études littéraires. Il a
fallu revenir en partie sur ce qui a été fait.

Le premier volume traite encore de plusieurs questions qui concernent l'éducation, telle que la part à
faire à la religion dans l'éducation de la jeunesse, le
tort de certaines familles de tenir leurs fils à l'écart
dans une honteuse et ruineuse oisiveté, l'éducation
populaire et la loi organisatrice de l'enseignement primaire, la légitimité et la nécessité de l'existence des
petits séminaires... Aujourd'hui la plupart de ces questions sommeillent, soit qu'elles soient définitivement
résolues, soit que l'opinion publique se préoccupe d'objets plus pressants. On lit néanmoins avec un vif intérêt tout ce qui s'y rapporte, à cause de leur importance
qui ne diminue pas comme leur actualité, à cause surtout de l'élévation de pensées, de l'expérience pratique,
de la chaleur de cœur que M⁰ d'Orléans apporte dans
leur discussion. Il ne parle qu'incidemment de la liberté de l'enseignement conquise au moment où parut
son ouvrage, conquise en partie par ses efforts. Peut-
être, s'il écrivait son livre à l'heure actuelle, rappelle-
rait-il quelques-uns des arguments qui ont milité en

faveur de cette grande cause et l'ont fait triompher. Car on ne peut se dissimuler que dans le mouvement antireligieux qui se produit depuis quelque temps, la liberté de l'enseignement pourrait bien être menacée, comme tout ce qui fait la force et la gloire de l'Eglise.

II

Les questions générales une fois traitées, le second volume est consacré au personnel de l'éducation, aux agents divers qui travaillent à élever l'homme, Dieu, le père et la mère, l'instituteur, l'enfant lui-même et le condisciple.

Le premier, le plus puissant, c'est Dieu, est-il besoin de le dire ? Et, en effet, il ne se contente pas de créer l'homme et de l'attendre à sa dernière heure, d'être à la fois sa source et son but, il suit et accompagne sa créature durant la vie, il est d'abord son instituteur immédiat, car c'est de lui et de lui seul que l'enfant reçoit la pensée, la parole et la conscience, ces trois choses qui font l'homme, et qui sont plus que tout ce qu'il peut apprendre le reste de sa vie. Indirectement aussi, il coopère de la manière la plus efficace à l'œuvre de l'éducation, travaillant sans cesse au fond de l'âme, invisible et caché, dit Fénelon, comme le mineur qui travaille dans les entrailles de la terre. C'est de lui enfin que dérive toute autorité, et l'éducation est avant tout une œuvre d'autorité. Aussi malheur aux parents, malheur aux maîtres qui n'ont pas sa pensée présente, qui ne travaillent pas pour lui et avec lui ; leur œuvre sera stérile ou déplorable. C'est dans un langage vraiment épiscopal que Mᵍʳ d'Orléans rappelle le rôle et les droits de ce sublime instituteur.

Sortant des mains de Dieu, l'enfant est remis dans celles de ses parents qui représentent auprès de lui la Providence divine, et sont après Dieu les premiers agents de son éducation. Les pages du second volume consacrées à la famille, au mariage chrétien, au père et à la mère, à la mère surtout, sont, peut-être, les plus attachantes et les plus belles de tout l'ouvrage. Je n'essayerai pas de les analyser. Il faudrait les citer tout entières. Le passage suivant extrait presque au hasard pourra donner une idée des idées élevées, de l'émotion profonde dont elles sont remplies.

« Parmi les tendresses de la terre, il n'en est point qui ait quelque chose de vénérable et de céleste comme l'amour maternel. Je le dis sans hésitation, c'est icibas le plus pur amour ! Mères chrétiennes, ne craignez point que vos enfants usurpent dans vos cœurs la place que Dieu s'est réservée. Aimer vos enfants, c'est aimer Dieu qui vous les donna ; aimer vos enfants, c'est aimer Dieu qui vous les conserve ; aimer vos enfants, c'est aimer ces âmes immortelles que Jésus-Christ a rachetées de son sang...

« Que dire des douleurs de la dignité maternelle ? elles sont ineffables comme ses joies. Quand cette couronne se brise ou se flétrit, quand une jeune et tendre fleur en est arrachée, quand cette douceur se change en amertume, quand cette joie qui avait fait oublier de si étranges angoisses est refoulée, trahie ; quand la pauvreté, l'abandon ou la mort viennent fondre sur cette mère et lui ravir ce qu'elle a de plus cher au monde, oh ! alors il se fait un profond silence de désolation ; sur ce front découronné passent des nuages sombres qui semblent cacher des foudres, et puis bientôt la tempête éclate... Et alors, elle pousse ce cri, ce cri d'une amertume si profonde, d'une angoisse si extrême, que rien ne peut en redire l'accent !

« Appelé souvent, par mon ministère, à consoler les douleurs humaines, j'ai rencontré celle-là sur la terre, je n'ai presque jamais pu la consoler ; je n'osais même pas l'entreprendre. Il paraît bien qu'il n'y a que le ciel où cette douleur s'efface. Il paraît qu'il y a dans le cœur et dans les entrailles des mères je ne sais quoi que Dieu sait, mais qui demeure inconsolable et à jamais brisé. Il reste là un déchirement qui ne se peut guérir ici-bas, une plaie que le temps ne ferme point. Qu'est-ce ? Je l'ignore ; quelque chose de très mystérieux et peut-être de divin, qui froissé une fois par les douleurs de la terre, ne se remet bien que dans une vie meilleure. Peut-être quelque chose du cœur et des entrailles de Dieu même, de sa tendresse et de sa miséricorde. Ce qui est sûr, c'est que les plus vives joies de la terre ne le peuvent apaiser. »

Mais, je le répète, il faut tout lire, il n'est pas de parents qui n'en conçoivent une idée plus haute des droits et des devoirs de l'autorité paternelle, pas de fils qui n'y retrempe sa tendresse et son respect pour ceux dont il est né.

L'auteur entre ensuite dans une étude minutieuse et toute pratique du rôle que le père et la mère doivent jouer dans l'éducation, non pas seulement pendant ces premières années où l'enfant grandit sous leur aile, mais encore après que le collège l'aura reçu, et même plus tard ; il ne veut pas, en effet, que le père de famille abdique son autorité quand son fils approche de la virilité ; c'est, au contraire, à cette époque que commence la partie la plus délicate de sa tâche ; il lui appartient, alors, de compléter, d'affermir l'œuvre commencée, d'achever en un mot l'éducation que le collège a seulement ébauchée.

A ce propos, Mgr Dupanloup fait un triste tableau de la décadence de l'autorité paternelle à l'époque où nous vivons, et il en recherche les causes. Il l'attribue surtout aux mœurs du temps et aux parents eux-mêmes qui perdent leur autorité par insouciance et par faiblesse, quand ce n'est point par de funestes exemples. Il en trouve une seconde cause dans certaines dispositions de nos lois, telles que l'émancipation prématurée, l'indisponibilité d'une grande partie des biens, l'âge fixé pour la majorité... Peut-être sur ce point essayerais-je de combattre respectueusement l'opinion de Mgr d'Orléans et de justifier le code civil contre quelques-unes de ces critiques, s'il n'y avait là matière à d'amples controverses qui entraîneraient au delà de toutes limites cet article déjà trop long et qu'il est temps d'achever.

Les qualités nécessaires à l'instituteur, la vertu, la fermeté mêlée de douceur, l'intelligence, le dévouement, l'amour, la dignité des fonctions de l'instituteur, et le respect qui lui est dû par ses élèves, la supériorité de l'éducation publique sur l'éducation privée, tels sont les sujets dont le développement termine dignement le second volume.

Il serait superflu d'insister ici sur les mérites d'un tel livre émané d'un tel homme. Il en est un cependant qui lui est tout spécial et sur lequel je ne puis m'empêcher de revenir. C'est qu'il est, comme je le disais en commençant, le fruit, le résumé de toute la vie de son auteur, c'est que l'évêque d'Orléans a pour ainsi dire vécu son livre avant de l'écrire, que toutes ses observations sont prises sur nature, toutes ses convictions basées sur l'expérience personnelle. De là tous ces souvenirs intimes, tantôt piquants, tantôt émus, épars au milieu d'austères discussions. De là l'autorité des affirmations et des préceptes, c'est-à-dire enfin le charme et la force de ce livre. C'est là son charme pour ceux surtout qui ont eu l'évêque d'Orléans pour instituteur de leur jeunesse. Ils le retrouvent là tout entier. Ce qu'il était au petit séminaire de Saint-Nicolas pour ses élèves, pour ses enfants, comme il les appelait, un souvenir de ce temps pourra peut-être en donner une idée.

Aucun de ceux qui étaient à Saint-Nicolas à cette époque n'a sans doute oublié le jour où Mgr d'Orléans, alors l'abbé Dupanloup, quitta le Petit-Séminaire. Rien n'avait fait pressentir son départ. Seulement, deux jours avant, au salut de la Toussaint, il nous avait parlé, dans un magnique langage et avec une singulière émotion, des séparations de la terre et du bonheur de se réunir un jour au sein de Dieu. Chacun s'était senti ému, mais sans pourtant comprendre le sens de ces adieux voilés. Puis le surlendemain, au retour d'une sortie générale, quand tous rentraient, agités encore par les plaisirs de cette journée, la nouvelle du départ de M. Dupanloup éclata soudain parmi nous. Ce fut d'abord une stupeur profonde, puis une désolation générale. Tous, grands et petits pleuraient.

Nos maîtres, ses collaborateurs dévoués, n'étaient pas moins affligés, et quand l'un d'eux nous eut réunis dans la grande salle pour entendre lire les adieux de celui qui était pour nous un ami si dévoué, un père si tendre, il eut peine à terminer cette lecture, interrompue sans cesse par sa propre émotion et par nos sanglots. On dormit peu cette nuit-là au Petit-Séminaire, et pendant les premiers instants, il semblait à tous que l'âme, le génie de cette maison venait de l'abandonner.

Ces regrets si spontanés et si vifs, cette douleur de toute une maison, de tant d'enfants et de jeunes gens d'âges, de conditions et de caractères si divers sont caractéristiques. Ils n'étonneront personne de ceux qui ont connu Mgr Dupanloup soit à Saint-Nicolas, soit à La Chapelle, et, je crois pouvoir le dire, personne de ceux qui auront lu son livre.

VIII

ASSOCIATION FRATERNELLE

DES

ANCIENS ÉLÈVES DU PETIT-SÉMINAIRE DE PARIS

Discours prononcé au Banquet du 3o janvier 1879,
par M. G. DE BOURGE.

Le jeudi 3o janvier a eu lieu le cinquième banquet
de l'association. C'était la première fois que l'on se
réunissait au Petit-Séminaire, rue Notre-Dame-des-
Champs. Mgr Coullié, évêque d'Orléans, présidait ; il
avait à sa droite Mgr Foulon, évêque de Nancy, et à
sa gauche le président du comité, M. de Bourge. M. de
Bourge s'est levé au dessert, et s'est ainsi exprimé :

« Monseigneur,

« Mon seul titre à l'insigne honneur que m'a fait le
comité en me désignant pour présider, cette année,
notre association, a été certainement l'amitié que
Mgr Dupanloup daignait me porter dès mon enfance et
qu'il a bien voulu, je ne saurais le dire avec trop de
reconnaissance, me continuer jusqu'au terme de sa vie.

« Je crois donc répondre à la pensée qui a dicté le
choix du comité, ainsi qu'à vos propres désirs, Monseigneur, en saluant par mes premiers mots l'illustre et
chère mémoire de celui que nous eu l'ineffable douleur
de perdre depuis notre dernière réunion.

« En Mgr Dupanloup, en effet, nous avons perdu

non seulement ce que l'Église et ce que la France ont perdu en lui, mais encore le premier patron de notre association, notre maître et notre père vénéré à nous tous, tant que nous sommes ici, sans distinction entre les anciens élèves de Saint-Nicolas et ceux de Notre-Dame-des-Champs, car il nous disait lui-même : *Je vous appelle tous du même nom, et ceux qui sont venus après moi sont mes enfants comme les autres.*

« C'est qu'en effet, bien qu'il y ait trente-trois années que Mgr Dupanloup, quittant le Petit-Séminaire, nous adressait ces adieux touchants dont vous avez, Monseigneur, si bien gardé le souvenir; c'est qu'en effet, pendant son règne de huit ans, Mgr Dupanloup a tant donné de son cœur et de son esprit au Petit-Séminaire, il y a tracé dans le sol un sillon si profond et l'a si généreusement ensemencé, que ses principes, ses traditions, son esprit n'ont cessé d'y germer et d'y fructifier. La maison est restée sienne ! Si bien que, pour naître, notre association s'est tournée tout naturellement vers lui, et son cœur était resté si fidèle à ce qu'il appelait « la meilleure portion de sa « vie », qu'aux premiers mots il nous adoptait, nous bénissait, et vous vous rappelez combien il s'est montré heureux de se retrouver au milieu de nous.

« Nous devons être fiers d'un tel patronage.

« Celui qu'on a loué à juste titre d'avoir été un grand évêque et un grand Français, l'orateur, l'écrivain que vous savez, l'éloquent et généreux défenseur de tant de nobles et saintes causes, a été d'abord et n'a jamais cessé d'être le plus complet des maîtres dans l'art d'élever la jeunesse. Ceux d'entre nous qui l'ont vu à l'œuvre savent seuls ce qu'il était pour cette maison quand il s'y dépensait sans compter ! Mais, pour ceux mêmes qui ne l'ont connu que par les souvenirs qu'il a laissés, ou par ce beau livre de l'éducation, expression et résumé de cette portion de sa vie, son nom pris comme symbole, en éducation, a les plus hautes et les plus précieuses significations.

« Ce nom signifie l'amour des bonnes et fortes études, le goût passionné des lettres ; en dehors d'elles, il ne comprenait pas de haute éducation, il ne voyait que l'abaissement des intelligences, et lorsqu'il a présidé notre premier banquet, il a terminé son allocution par un toast aux fortes études chrétiennes.

« Il signifie aussi le dévouement et l'affection du maître pour l'élève, le respect et l'affection de l'élève pour le maître. C'est cette douce réciprocité dont l'excellent souvenir a rendu si prompt le développement de notre association, dès que la pensée en fut venue à quelques-uns d'entre nous. Elle règne, j'en suis sûr, parmi les générations qui nous succèdent aujourd'hui, et elle assure la perpétuité de nos réunions en même temps qu'elle en fait le charme.

« Ce nom signifie le patriotisme enseigné « comme « une seconde religion », ce sont les expressions mêmes de Mgr Dupanloup. Il signifie, enfin et surtout, la foi la plus solide, la piété la plus vraie, bases et sources de l'éducation, présidant à tous les actes de la vie de ces écoliers dont quelques-uns se donneront à elle tout entiers, dont elles accompagneront les autres au milieu du monde pour être leur force, leur guide, peut-être leur refuge après les orages de la vie.

« Voilà quelques-unes des significations de ce glorieux patronage, et, je le répète, nous avons le droit d'en être fiers, mais à la condition d'en être dignes, d'y tâcher au moins et de justifier un peu ces vers qu'un grand poète, ami de Mgr Dupanloup, adressait naguère à sa mémoire :

> « Va, tu survis ! Hélas ! nul n'est plus de ta taille ;
> Mais ta race subsiste et tes fils sont nombreux [1].

« Vous êtes, Monseigneur, au premier rang de ses fils, vous qu'il a choisi pour continuer son œuvre apostolique et désigné comme son successeur au siège d'Orléans. Dans cette hérédité toute spirituelle, il est une part qui nous touche, la bienveillance qu'il portait à notre association. Vous l'avez acceptée, comme le reste, sans bénéfice d'inventaire. Votre présence ici en est le gage et nous vous en remercions tous du fond du cœur. Ce n'est pas, du reste, la première preuve d'intérêt que vous nous donnez, et nous ne saurions oublier la part que vous avez prise avec une si gracieuse cordialité à notre fondation.

1. M. Victor de Laprade.

« Vos soins, Monseigneur, n'ont pas été perdus. Notre prospérité est modeste, mais réelle ; nous sommes trois cent trente et un. L'association possède un petit pécule, indépendamment des cotisations que notre exact et diligent trésorier se plaint de ne pas voir rentrer assez régulièrement. Aussi, dans son zèle, pour suppléer aux retards, a-t-il eu soin d'acheter des obligations qui sortissent aux tirages !

« Qu'on me permette de voir une autre bonne fortune pour l'association dans l'hospitalité que M. le supérieur veut bien nous donner au Petit-Séminaire, pour notre banquet, et dont je le remercie sincèrement au nom du comité.

« Nous n'avons pas les lambris dorés de l'hôtel du Louvre, et le comité a tenu la parole donnée à l'assemblée de ne rien sacrifier des fonds du banquet pour orner les murs de la salle, mais les lambris dorés ne font pas le bonheur ! ils ne font pas le dîner non plus, et, pour ma part, je leur préfère ces murs déjà vieux, quoique plus jeunes que moi, si remplis de souvenirs pour beaucoup d'entre nous.

« On dit que les choses ont leurs tristesses, *sunt lacrymæ rerum*, elles ont aussi leurs joies. Il me semble trouver, à nous rasseoir à ces mêmes tables, sur ces mêmes bancs, un rajeunissement plein de charme, au moins pour ceux qui s'éloignent à grands pas de leurs jeunes années.

« Mais, je m'arrête... je ne veux pas abuser plus longtemps du privilège de mes fonctions, et je n'en userai plus que pour donner le signal d'une santé qui est sur les lèvres de tous : A Monseigneur l'évêque d'Orléans ! »

(Applaudissements.)

ASSEMBLÉE GÉNÉRALE ANNUELLE
Séance du 16 janvier 1880
Présidence de M. G. de Bourge, président du Comité.

M. de Bourge, président du comité en 1879, prononce le discours suivant :

« Messieurs et chers condisciples,

« Depuis notre dernière réunion une mort inattendue et bien tristement prématurée a enlevé notre cher secrétaire à l'affection des siens et à notre amitié reconnaissante.

« Pour la première fois, notre assemblée générale ne sera pas remplie et charmée par un de ces rapports complets, variés, toujours intéressants, dont Léon de Verdière avait le secret et qu'il nous avait donné la douce habitude d'entendre chaque année.

« C'est lui, vous le savez tous, qui avait eu la première idée et pris l'initiative de la fondation de notre association, qui s'en était fait le promoteur infatigable et persévérant ; il en était resté le plus ferme soutien et le lien le plus aimable.

« Vous ne serez donc pas surpris que votre comité ait cru devoir laisser vide aujourd'hui la place que Léon de Verdière occupait à tant de titres, et vous trouverez bon que cette séance soit encore pleine de lui.

« Sa vie si remplie dans sa brièveté et si intéressante pour nous va vous être retracée par celui qui était le plus digne de cette tâche, ayant été l'ami le plus intime de celui que nous avons perdu, en même temps que son collaborateur le plus dévoué dans l'œuvre de notre fondation.

« Un coup si sensible n'est pas le seul qui nous ait frappés cette année :

« Au mois de juillet, nous perdions M. l'abbé Auguste Saubot-Damborgez, qui était né à Bayonne, en 1838, d'une famille honorée entre toutes. Sa pieuse mère confia successivement au Petit-Séminaire de Paris l'éducation de quatre fils, après avoir jeté dans leurs âmes des semences de foi si fécondes, que deux d'entre eux trouvèrent à Notre-Dame des Champs leur vocation ecclésiastique. Tous ont laissé au Petit-Séminaire les meilleurs souvenirs. Celui qui nous occupe y avait mérité cette appréciation qu'un de ses maîtres faisait de lui dans une note contemporaine de son année de philosophie : « Son âme ardente et généreuse « est faite pour se livrer tout entière au bien. »

« Le diocèse de Paris avait gardé M. l'abbé Auguste Saubot qui fut successivement vicaire à Belleville et à

Notre-Dame de Lorette. Mais les fatigues, les émotions du siège de Paris et de la Commune, pendant laquelle il s'était trouvé particulièrement menacé, lui donnèrent le germe de la maladie de cœur qui devait l'emporter et l'obligèrent à aller chercher dans sa ville natale un repos que son zèle ne lui permit pas de trouver.

« Nommé secrétaire de l'évêché de Bayonne, il se prodigua pour ses fonctions et pour les œuvres, comme si sa santé n'eût pas été gravement atteinte. Aussi succomba-t-il après quelques années d'une vie toute consacrée au bien, laissant à sa mère, cette chrétienne si éprouvée, les consolations que peuvent donner, avec la foi, le souvenir des vertus du fils qu'elle a perdu, et la tendresse de ceux qu'elle a conservés, membres tous trois de notre association, ayant par conséquent un titre de plus à l'expression de notre sympathie.

« Mgr de la Tour d'Auvergne, archevêque de Bourges, que nous avons perdu le 15 novembre, à l'âge de cinquante-trois ans, était une de nos gloires en même temps qu'un de nos pasteurs les plus bienveillants.

« Il appartenait à ces générations qui eurent l'honneur de servir d'instrument, dans les mains de Mgr Dupanloup, à la restauration des études au Petit-Séminaire de Saint-Nicolas, et qui se prêtèrent si généreusement à l'expérience tentée sur de nobles âmes, contrairement à la règle ordinaire, que nous devrions presque les honorer comme des ancêtres [1].

« Dans cet âge héroïque du Petit-Séminaire, Mgr de la Tour d'Auvergne avait été au premier rang parmi les vaillants, et je me souviens d'avoir, à mon entrée, entendu encore quelques échos de ses succès, prolongés sans doute par le grand nom qu'il portait.

« Ni l'éclat de ce nom, ni la haute situation de sa famille, ni les dons de l'esprit et les perspectives brillantes qui lui étaient ouvertes sur la vie du monde, ne le rendirent sourd à la voix de Dieu, qui l'appelait à devenir le chef spirituel d'une grande province.

« Élevé, pour ainsi dire, pour l'épiscopat, comme vicaire général de son oncle le cardinal d'Arras, et de Mgr Parisis, puis auditeur de rote pendant six années, il fut, bien jeune encore, nommé coadjuteur de Mgr Menjaud, archevêque de Bourges, et quelques mois après, il lui succédait, par une élévation rapide, mais que l'étendue de sa science, la sûreté de sa doctrine, son application à ses devoirs, ses graves et douces vertus ne permirent pas de trouver prématurée.

« Elle devait être d'ailleurs bien justifiée par dix-huit années d'un épiscopat trop tôt interrompu, après lequel on a pu dire : « qu'il s'était montré toujours et « partout le type de l'évêque accompli, » et lui appliquer ce texte des livres saints : *Suscitabo mihi sacerdotem fidelem qui juxta cor meum et animam meam*

1. Voir *Les Souvenirs de Saint-Nicolas.*

faciet, et ambulabit coram Christo meo cunctis diebus.

« Que pourrait-on ajouter à ce suprême éloge, descendu de la chaire chrétienne et sorti de la bouche d'un évêque doublement illustre par l'éloquence et par le malheur [1], si ce n'est que nous ne saurions oublier ici l'empressement avec lequel Mgr de la Tour d'Auvergne se fit notre adhérent, la bonne grâce avec laquelle il voulut bien présider l'un de nos banquets, et nous relirons dans l'annuaire l'allocution qu'il nous adressa alors, vrai modèle du genre, pleine d'à-propos, de grâce, de pieuses et patriotiques leçons.

« Le mois d'octobre, en ramenant l'anniversaire de la mort de Mgr Dupanloup, nous eût rappelé, si c'eût été nécessaire, le souvenir de la perte que nous avions faite l'année précédente. J'aurais voulu me rendre au service qui a été célébré à Orléans, non seulement pour obéir à mes sentiments personnels, mais parce qu'il me semblait que l'honneur de présider votre comité impliquait le mandat de vous représenter à cette cérémonie. N'ayant pu le faire, j'ai, du moins, envoyé en votre nom une couronne dont Mgr Coullié a bien voulu m'accuser réception dans la lettre suivante :

« Orléans, le 17 octobre 1879.

« Mon cher ami,

« Votre bonne lettre et la couronne magnifique
« qu'elle annonçait sont arrivées à temps et tout le

1. Mgr Mermillod.

« monde a pu admirer le souvenir de la reconnaissance
« filiale des anciens élèves de notre vénéré Père. J'ai été
« personnellement bien touché de cette délicatesse, et
« permettez-moi d'ajouter avec un orgueil tout frater-
« nel, que je n'en ai pas été surpris. Oui, mon cher ami,
« gardons au milieu de ces temps troublés le souvenir et
« le culte de ceux qui nous ont fait connaître la vérité.
« Que serions-nous devenus sans leur direction, sans
« leur expérience, sans leurs exemples? Il me semble
« qu'agir ainsi, c'est commencer à jouir ici-bas d'une
« part de la joie du ciel, puisque, devant Dieu, les
« saints alterneront le chant de l'adoration et celui de
« la reconnaissance.

« Veuillez, mon cher ami, dire à tous nos condisci-
« ples combien je les remercie de leurs nobles senti-
« ments, et en les assurant de toute mon affection,
« demandez-leur pour moi une part dans leurs prières.
« En retour, j'appelle sur vous et sur tous les membres
« de notre Association les meilleures bénédictions de
« Dieu.

« ✝ Pierre, évêque d'Orléans. »

« Vous reconnaissez-là, Messieurs, le pieux et aimable langage qui caractérise Mᵍʳ Coullié, et dont il
nous a donné un si précieux modèle à notre dernier
banquet.

« La liste de nos pertes était à peine close pour 1879
qu'elle se rouvrait pour 1880.

« Le 3 janvier, un de nos jeunes camarades, M. l'abbé

Charles Clément, expirait auprès de son frère, M. l'abbé Raymond Clément, un de nos condisciples aussi, directeur de l'école Fénelon, dont il était le lieutenant dévoué. Il ne m'appartient pas de vous parler de lui en détail ; mais puisque sa mort a précédé notre réunion, il convenait de la mentionner ici pour ceux d'entre nous qui auraient pu l'ignorer et pour donner à M. Charles Clément part aux souvenirs et aux prières de ceux qui l'ont connu et aimé.

« Cherchons, Messieurs, quelque consolation à ces tristesses dans la bonne marche et les progrès de notre société. Vous avez vu tout à l'heure notre situation financière, conséquence du nombre croissant de nos adhérents et aussi des soins diligents et de l'ordre sévère de notre excellent trésorier.

« Nous étions environ trois cents, le 1er janvier 1877. Par une suite d'adhésions nouvelles réparties entre les trois dernières années, nous nous trouvons, au 1er janvier 1880, au nombre de trois cent soixante-dix, sur lesquels, pendant la même période, le nombre des fondateurs s'est élevé de cent sept à cent trente-cinq.

« J'ajouterai que notre trésorier n'a pas renouvelé cette fois ses appels véhéments aux retardataires, nous a même invités, poussés aux libéralités, et j'en conclus que nous avons pris des habitudes d'exactitude et ce sentiment de l'échéance que tant de gouvernements ont perdu.

« Nous nous en réjouirons, puisque cela nous permettra de faire plus de bien dans le présent et dans l'avenir, et nous persévérerons.

« Nous ne nous contenterons pas de compter, pour le développement et la vie de notre Association, sur les jeunes générations qui sortent chaque année du Petit-Séminaire, mais nous ferons appel, chacun en notre particulier, aux anciens avec qui nous pouvons avoir conservé des relations et qui, ne connaissant pas notre existence, c'est je crois la seule excuse admissible, n'ont pas encore pris part aux joies, comme aux charges, je dirais presque aux devoirs de l'Association.

« Parmi ces joies, il faut certainement compter notre banquet ; celui de l'année dernière a pleinement justifié la décision que la bienveillance de M. le Supérieur avait permis de prendre, de nous réunir au Petit-Séminaire.

« Tout le monde a paru heureux de se retrouver dans la maison de famille. On s'y sentait plus libre et plus à l'aise. Les difficultés matérielles que quelques-uns avaient redoutées ont été résolues à merveille, grâce à une très bonne organisation dont nous devons reporter l'honneur au Petit-Séminaire et à notre trésorier. Aussi le comité s'est-il empressé de profiter de l'hospitalité que M. le Supérieur voulait bien nous continuer cette année. Il espère que vous lui donnerez tous une nouvelle approbation, en venant plus nombreux que jamais à cette réunion fraternelle. »

IX

LE ROUX DE LINCY

(Extrait du *Bibliophile français.* — 1869.)

Nous avons le regret d'annoncer la mort d'un bibliophile bien connu, d'un savant distingué, M. Le Roux
de Lincy, qui a succombé le 13 mai dernier à la suite
d'une longue et douloureuse maladie.

M. Le Roux de Lincy s'était vivement intéressé à la
fondation de ce recueil; il avait commencé et devait
continuer à lui donner une part dans ses travaux; il a
donc doublement droit au souvenir que ses écrits et
son amour aussi passionné qu'éclairé pour les livres
auraient suffi à lui assurer ici.

Né le 22 août 1806, Le Roux de Lincy fit partie de
la première promotion d'élèves qui suivit la restauration
de l'École des Chartes par l'ordonnance de 1829; il
sortit de l'École à la fin de 1832, avec le diplôme
d'archiviste-paléographe, et ne cessa depuis de figurer
au premier rang de ce groupe de travailleurs, bien peu
nombreux alors, qui eurent l'honneur de faire école, et
qui, par des efforts persévérants, consciencieux, sagaces,
ont restauré en France l'étude du moyen âge d'après
les monuments, relevé l'érudition appliquée à notre
histoire, à notre ancienne littérature, et fait revivre

ainsi sous ses véritables traits tout un passé oublié ou défiguré.

Le Roux de Lincy a contribué à cette œuvre par les travaux qu'il fit isolément, et par le concours qu'il a donné à toutes les entreprises qui tendaient au même but; c'est ainsi qu'il prit une part active autant que dévouée à la fondation de la Société de l'École des Chartes, et au recueil publié par cette Société, dont il fut, jusqu'à la fin de sa vie, le collaborateur [1]; c'est ainsi qu'il fit partie de la Société des antiquaires de Normandie (1835), de la Société des antiquaires de France (1844), et de la Société des bibliophiles français (1846), dont il fut le secrétaire pendant vingt-trois ans; à ce titre, il prit une part suivie et importante aux excellentes publications de cette dernière société. C'est lui notamment qui a préparé pour elle la belle édition de l'*Heptaméron de la reine de Navarre* (1853-1854), et qui a écrit pour cette édition une remarquable biographie de Marguerite d'Angoulême, cette docte et aimable princesse si chère aux lettrés.

Nous avons eu trop peu de temps et nous avons trop peu de place pour indiquer en ce moment tous les travaux de Le Roux de Lincy, à plus forte raison pour en rendre un compte même sommaire; leur nombre

---

1. Voir l'excellent discours prononcé sur la tombe de M. Le Roux de Lincy par son ami dévoué, M. Jules Quicherat, l'éminent professeur de l'École des Chartes. (Bibliothèque de l'École des Chartes.)

est considérable autant que leur nature est variée : aussi nous bornerons-nous à rappeler par ordre de date les principaux d'entre eux. Les bibliophiles et les érudits auxquels s'adresse ce recueil se souviendront sans doute de la plupart de ces publications.

Ce sont notamment : le *Livre des Légendes* (in-8, Paris, 1836); une édition critique du *Roman de Brut* (2 vol. in-8, Rouen, 1836); une *Analyse critique et littéraire du Roman de Brut* (in-8, Rouen, 1838); *Essai historique et littéraire sur l'abbaye de Fécamp*, avec gravures à l'eau-forte par Romain de Bourge (in-8, Rouen, 1840); *Recueil de Chants historiques français du douzième au dix-huitième siècle* (2 vol. in-12, 1841); les *Cent Nouvelles nouvelles*, revues sur les textes originaux (2 vol. in-12, 1841); le *Livre des Proverbes français* (2 vol. in-12, 1842), réédité en 1859 avec de nombreuses additions; les *Quatre Livres des Rois*, traduits en français du douzième siècle, etc. (in-4, 1842, publié dans la collection des Documents inédits sur l'Histoire de France); *Bibliothèque de Charles d'Orléans* (in-8, 1843); *Recherches sur la grande Confrérie Notre-Dame aux Prêtres et Bourgeois de la ville de Paris* (1844, tome VII des Mémoires de la Société des antiquaires); *Histoire de l'Hôtel de Ville de Paris*, avec planches par Victor Calliat (in-4, 1846); *Registres de l'Hôtel de Ville de Paris pendant la Fronde*, avec M. Douët d'Arcq (1846-1847, publié pour la Société de l'Histoire de France); les *Femmes*

célèbres de l'ancienne France (in-4 avec planches, ou
2 vol. in-12, le premier seul a paru, Paris, 1847);
*Description de la ville de Paris au quinzième siècle
par Guillebert de Metz* (petit in-8, 1855); *Chants historiques et populaires du temps de Charles VII et de
Louis XI* (petit in-8, 1857); *Notice sur le plan de
Paris de Jacques Gomboust* (in-12, 1858) pour la
Société des bibliophiles; *Vie de la reine Anne de Bretagne* (4 vol. in-8, 1861).

L'un des meilleurs ouvrages de Le Roux de Lincy
est assurément ses *Recherches sur Jean Grolier, sa vie
et sa bibliothèque* (in-8, 1866). Le livre a été fait
con amore, et l'esprit de consciencieuse et exacte
recherche qui caractérise ordinairement les travaux de
Le Roux de Lincy a été là soutenu et comme aiguisé
par la passion que l'auteur éprouvait pour son sujet.
Quelle joie, en effet, pour ce fervent bibliophile d'écrire
l'intéressante vie de ce noble et généreux ancêtre
des amateurs de livres, de reconstituer cette incomparable bibliothèque, et de suivre d'âge en âge, de
catalogue en catalogue, la trace de ces glorieux volumes, à travers toutes les bibliothèques de l'Europe,
et en même temps quelle merveille de science et de
patience!

L'histoire de Paris était un de ses plus chers sujets
d'étude : on a pu le voir par les travaux énumérés
plus haut. En outre, il avait dans sa belle bibliothèque
donné la place la plus importante aux publications

sur Paris, et amassé sur ce sujet de nombreux et intéressants documents.

Aussi ce fut une vive satisfaction pour lui d'être
appelé à publier dans l'*Histoire générale de Paris*,
avec tout le luxe typographique qui a présidé à cette
publication, les historiens originaux de la ville de
Paris, et à en écrire les introductions, notices, etc.
Malheureusement sa santé, qui avait toujours été
délicate, et ses forces épuisées par un travail constant,
ne lui permirent pas d'accomplir entièrement une tâche
qui répondait si bien à ses goûts et aux études de toute
sa vie. Il dut être aidé pour le premier volume (1868)
par MM. Tisserand et Bruel, et sa dernière maladie ne
lui permit pas de livrer lui-même, pour le second volume, une édition *variorum* de Corrozet, presque entièrement préparée, mais dont il voulait revoir encore
une fois le manuscrit avant de s'en séparer. Il laisse
aussi des matériaux depuis longtemps amassés pour un
Sauval.

Travailleur infatigable, Le Roux de Lincy, indépendamment des œuvres que nous avons énumérées, a
collaboré à plusieurs journaux et recueils périodiques,
au *Cabinet de lecture*, au *Moniteur universel*, à l'*Ar-
tiste*, aux *Mémoires de la Société des Antiquaires*, à la
Revue britannique, au *Bulletin du bibliophile*, à la
Revue contemporaine, etc., etc.

Il avait été décoré de la Légion d'honneur en 1845,
et fut longtemps attaché à la Bibliothèque de l'Arsenal.

Il faisait partie depuis plusieurs années du Comité impérial des Travaux historiques et des Sociétés savantes (section d'archéologie).

Nous ne saurions terminer sans rappeler ses notices à la fois biographiques et bibliographiques sur A. Cigongne, Sauvageot, Yemeniz, Brunet, etc., hommage qu'il fut appelé à rendre à ces amateurs distingués, moins encore à cause de sa rare compétence en bibliographie, qu'à raison de l'estime et de l'affection que ceux-ci lui avaient portées. Il était en effet très aimé. C'était une nature éminemment bienveillante, modeste, inoffensive. Nul n'a aimé le travail et les livres d'un amour plus sincère, plus désintéressé, ne les a plus aimés pour eux-mêmes et pour les douces et pures jouissances que donnent l'étude et la recherche du vrai. Nul non plus n'a été plus libéral et n'a plus généreusement communiqué ses livres, ses notes, ses matériaux. Il avait adopté pour *ex libris* un livre ouvert avec ces mots : *Hic amor, hic virtus*, devise heureusement appropriée à sa vie, mais qu'il ne faut cependant pas prendre à la lettre, car les livres n'étaient ni sa seule affection, ni sa seule vertu ; nous en savons quelque chose, nous qui l'avons vu de si près, ayant toujours vécu près de lui, et qui ne nous consolons de sa perte qu'en pensant à sa fin si chrétienne et à la sérénité de ses traits lors du dernier adieu.

PARIS — IMPRIMERIE PILLET ET DUMOULIN

5, rue des Grands-Augustins, 5.

IMPRIMERIE PILLET ET DUMOULIN

RUE DES GRANDS-AUGUSTINS, 5, A PARIS.

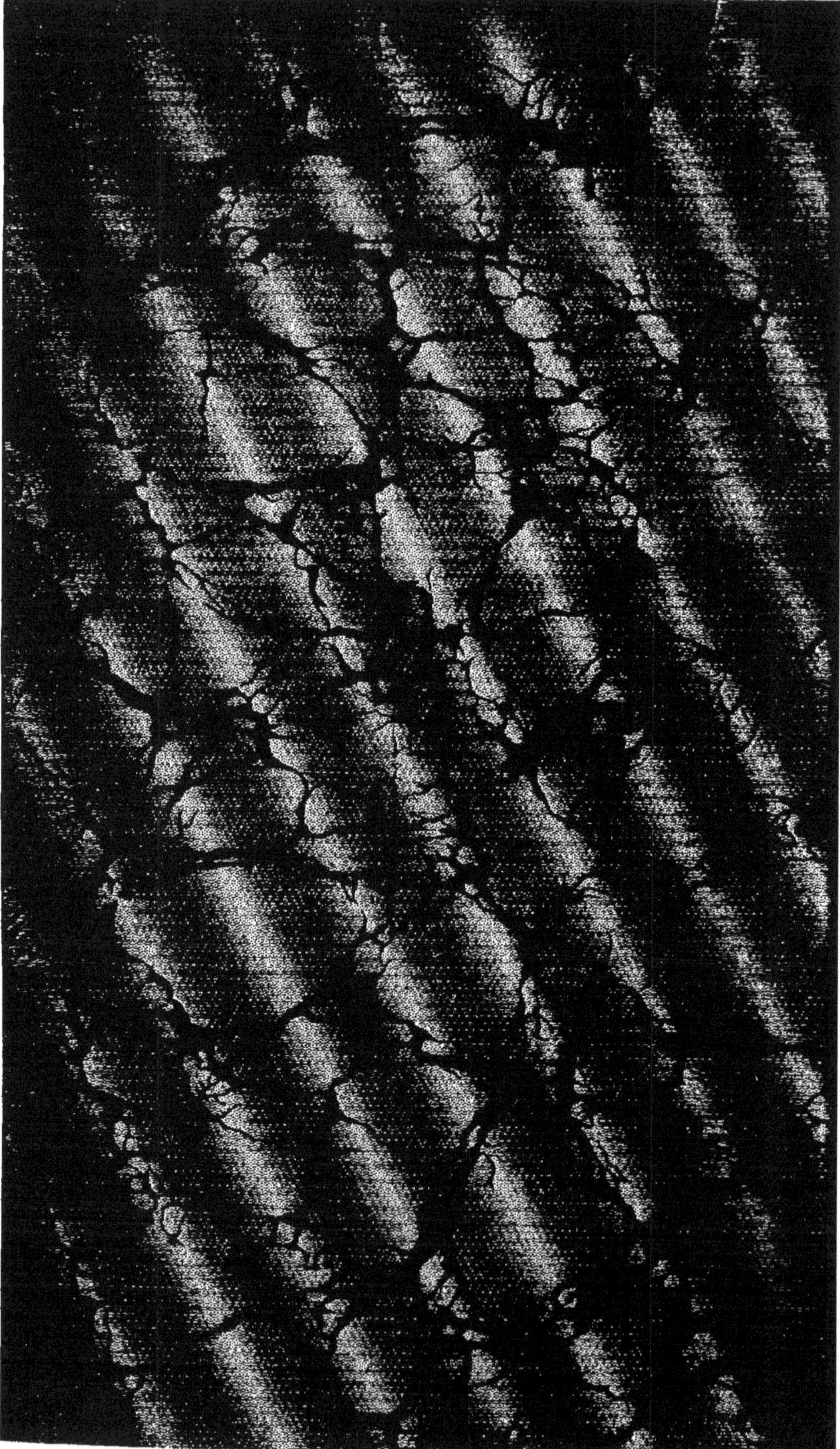

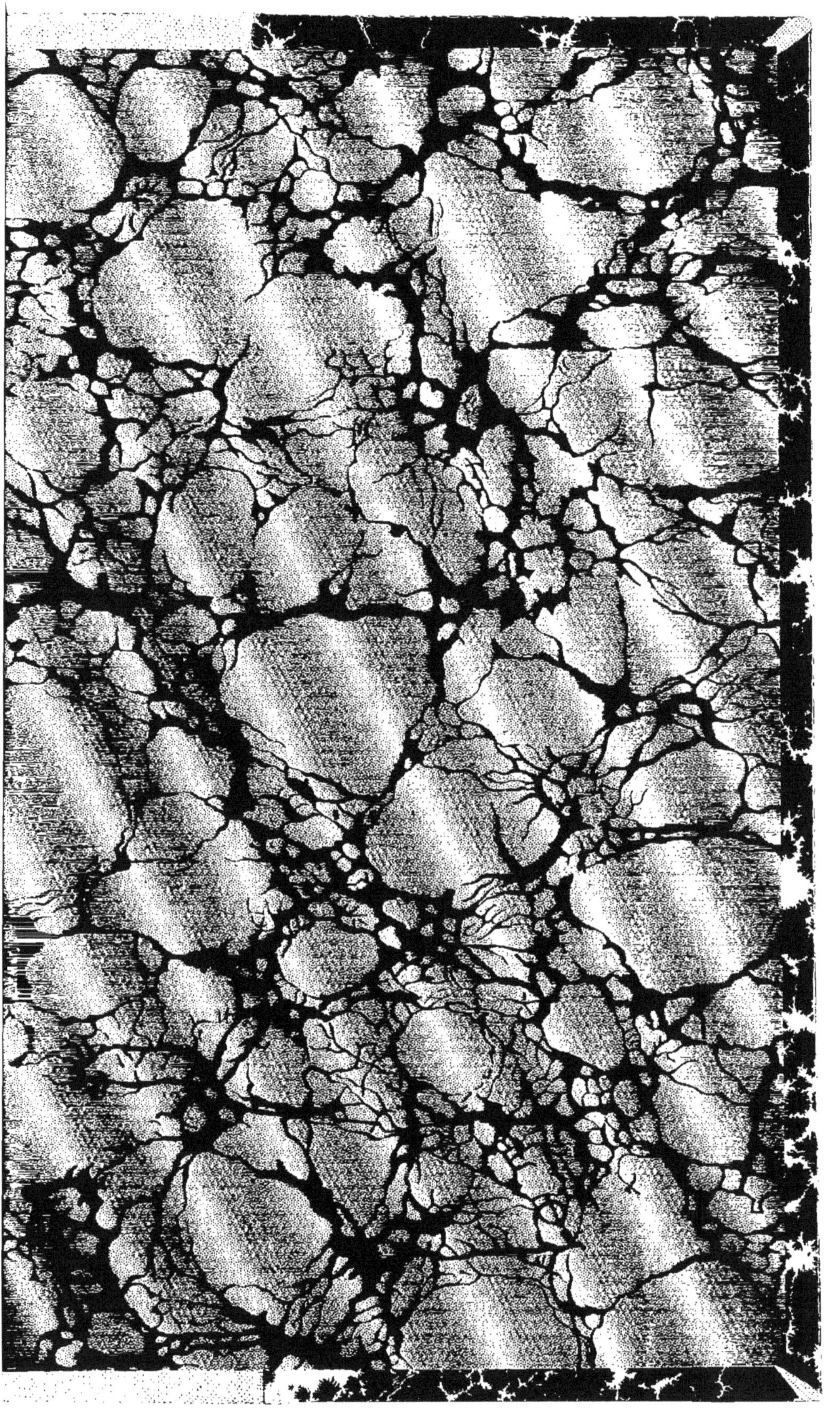

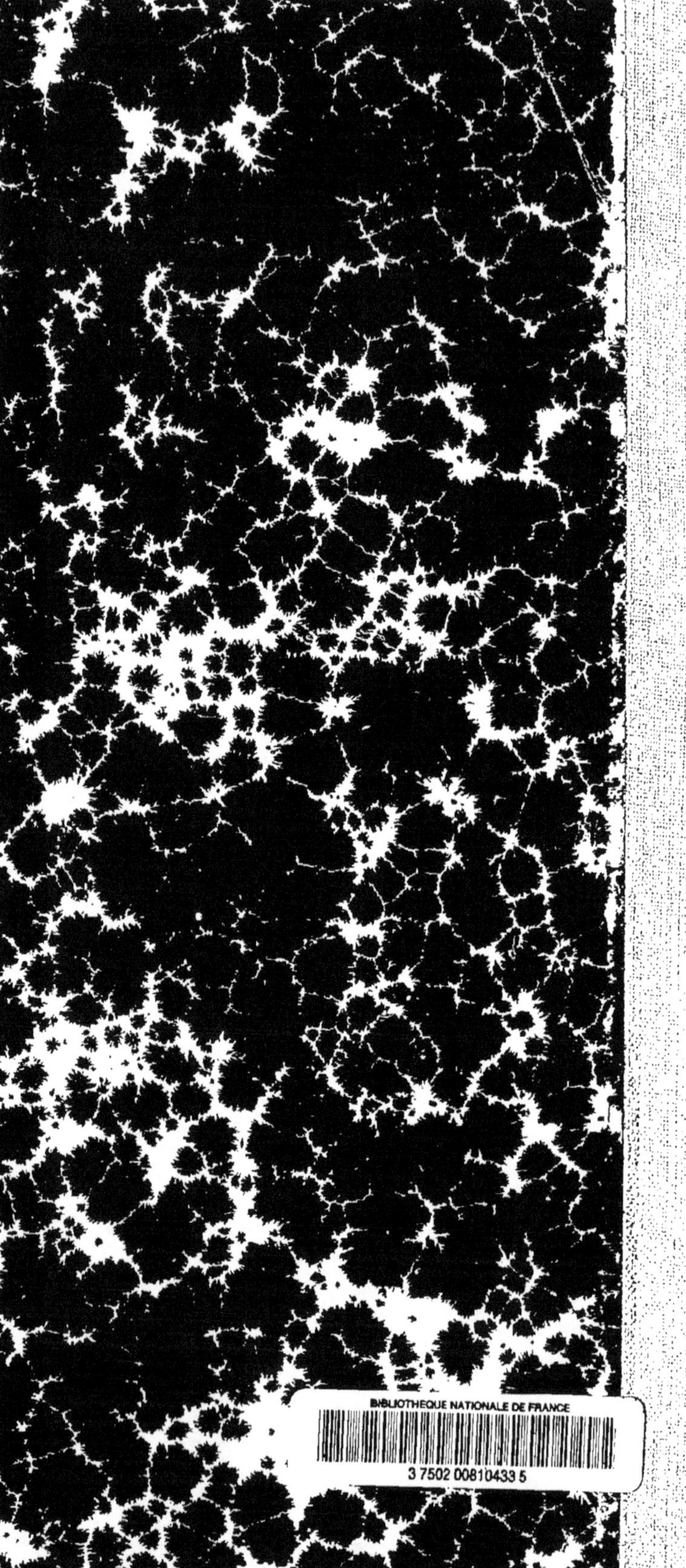
BIBLIOTHEQUE NATIONALE DE FRANCE
3 7502 00810433 5

www.ingramcontent.com/pod-product-compliance
Ingram Content Group UK Ltd.
Pitfield, Milton Keynes, MK11 3LW, UK
UKHW021210140726
13695UKWH00002B/459